浙江文化艺术发展基金资助项目

杭州优秀传统文化丛书
Hangzhou Youxiu Chuantong Wenhua Congshu

梦回钱塘的孙权

王益庸——著

杭州出版社

图书在版编目（CIP）数据

梦回钱塘的孙权 / 王益庸著 . —— 杭州：杭州出版社 , 2022.8
（杭州优秀传统文化丛书）
ISBN 978-7-5565-1695-7

Ⅰ . ①梦… Ⅱ . ①王… Ⅲ . ①孙权（182—252）—传记 Ⅳ . ① K827=363

中国版本图书馆 CIP 数据核字（2022）第 009177 号

Menghui Qiantang de Sun Quan

梦回钱塘的孙权

王益庸 / 著

责任编辑	王　凯
装帧设计	李轶军　祁睿一
美术编辑	章雨洁
责任校对	萧　燕
责任印务	屈　皓
出版发行	杭州出版社（杭州西湖文化广场32号6楼）电话：0571-87997719　邮编：310014　网址：www.hzcbs.com
排　　版	浙江时代出版服务有限公司
印　　刷	天津画中画印刷有限公司
经　　销	新华书店
开　　本	710 mm × 1000 mm　1/16
印　　张	16.75
字　　数	209千
版印次	2023年1月第1版　2023年1月第1次印刷
书　　号	ISBN 978-7-5565-1695-7
定　　价	58.00元

（版权所有　侵权必究）

序 言

文化是城市最高和最终的价值

我们所居住的城市，不仅是人类文明的成果，也是人们日常生活的家园。各个时期的文化遗产像一部部史书，记录着城市的沧桑岁月。唯有保留下这些具有特殊意义的文化遗产，才能使我们今后的文化创造具有不间断的基础支撑，也才能使我们今天和未来的生活更美好。

对于中华文明的认知，我们还处在一个不断提升认识的过程中。

过去，人们把中华文化理解成"黄河文化""黄土地文化"。随着考古新发现和学界对中华文明起源研究的深入，人们发现，除了黄河文化之外，长江文化也是中华文化的重要源头。杭州是中国七大古都之一，也是七大古都中最南方的历史文化名城。杭州历时四年，出版一套"杭州优秀传统文化丛书"，挖掘和传播位于长江流域、中国最南方的古都文化经典，这是弘扬中华优秀传统文化的善举。通过图书这一载体，人们能够静静地品味古代流传下来的丰富文化，完善自己对山水、遗迹、书画、辞章、工艺、风俗、名人等文化类型的认知。读过相关的书后，再走进博物馆或观赏文化景观，看到的历史遗存，将是另一番面貌。

过去一直有人在质疑,中国只有三千年文明,何谈五千年文明史？事实上,我们的考古学家和历史学者一直在努力,不断发掘的有如满天星斗般的考古成果,实证了五千年文明。从东北的辽河流域到黄河、长江流域,特别是杭州良渚古城遗址以距今5300—4300年的历史,以夯土高台、合围城墙以及规模宏大的水利工程等史前遗迹的发现,系统实证了古国的概念和文明的诞生,使世人确信：这里是古代国家的起源,是重要的文明发祥地。我以前从来不发微博,发的第一篇微博,就是关于良渚古城遗址的内容,喜获很高的关注度。

我一直关注各地对文化遗产的保护情况。第一次去良渚遗址时,当时正在开展考古遗址保护规划的制订,遇到的最大难题是遗址区域内有很多乡镇企业和临时建筑,环境保护问题十分突出。后来再去良渚遗址,让我感到一次次震撼：那些"压"在遗址上面的单位和建筑物相继被迁移和清理,良渚遗址成为一座国家级考古遗址公园,成为让参观者流连忘返的地方,把深埋在地下的考古遗址用生动形象的"语言"展示出来,成为让普通观众能够看懂、让青少年学生也能喜欢上的中华文明圣地。当年杭州提出西湖申报世界文化遗产时,我认为这是一项需要付出极大努力才能完成的任务。西湖位于蓬勃发展的大城市核心区域,西湖的特色是"三面云山一面城",三面云山内不能出现任何侵害西湖文化景观的新建筑,做得到吗？十年申遗路,杭州市付出了极大的努力,今天无论是漫步苏堤、白堤,还是荡舟西湖里,都看不到任何一座不和谐的建筑,杭州做到了,西湖成功了。伴随着西湖申报世界文化遗产,杭州城市发展也坚定不移地从"西湖时代"迈向了"钱塘江时代",气势磅礴地建起了杭州新城。

从文化景观到历史街区，从文物古迹到地方民居，众多文化遗产都是形成一座城市记忆的历史物证，也是一座城市文化价值的体现。杭州为了把地方传统文化这个大概念，变成一个社会民众易于掌握的清晰认识，将这套丛书概括为城史文化、山水文化、遗迹文化、辞章文化、艺术文化、工艺文化、风俗文化、起居文化、名人文化和思想文化十个系列。尽管这种概括还有可以探讨的地方，但也可以看作是一种务实之举，使市民百姓对地域文化的理解，有一个清晰完整、好读好记的载体。

传统文化和文化传统不是一个概念。传统文化背后蕴含的那些精神价值，才是文化传统。文化传统需要经过学者的研究提炼，将具有传承意义的传统文化提炼成文化传统。杭州与丛书作者在创作方面作了种种古为今用、古今观照的探讨交流，还专门增加了"思想文化系列"，从杭州古代的商业理念、中医思想、教育观念、科技精神等方面，集中挖掘提炼产生于杭州古城历史中灵魂性的文化精粹。这样的安排，是对传统文化内容把握和传播方式的理性思考。

继承传统文化，有一个继承什么和怎样继承的问题。传统文化是百年乃至千年以前的历史遗存，这些遗存的价值，有的已经被现代社会抛弃，也有的需要在新的历史条件下适当转化，唯有把传统文化中这些永恒的基本价值继承下来，才能构成当代社会的文化基石和精神营养。这套丛书定位在"优秀传统文化"上，显然是注意到了这个问题的重要性。在尊重作者写作风格、梳理和讲好"杭州故事"的同时，通过系列专家组、文艺评论组、综合评审组和编辑部、编委会多层面研读，和作者虚心交流，努力去粗取精，古为今用，这种对文化建设工作的敬畏和温情，值得推崇。

人民群众才是传统文化的真正主人。百年以来，中华传统文化受到过几次大的冲击。弘扬优秀传统文化，需要文化人士投身其中，但唯有让大众乐于接受传统文化，文化人士的所有努力才有最终价值。有人说我爱讲"段子"，其实我是在讲故事，希望用生动的语言争取听众。今天我们更重要的使命，是把历史文化前世今生的故事讲给大家听，告诉人们古代文化与现实生活的关系。这套丛书为了达到"轻阅读、易传播"的效果，一改以文史专家为主作为写作团队的习惯做法，邀请省内外作家担任主创团队，组织文史专家、文艺评论家协助把关建言，用历史故事带出传统文化，以细腻的对话和情节蕴含文化传统，辅以音视频等其他传播方式，不失为让传统文化走进千家万户的有益尝试。

中华文化是建立于不同区域文化特质基础之上的。作为中国的文化古都，杭州文化传统中有很多中华文化的典型特征，例如，中国人的自然观主张"天人合一"，相信"人与天地万物为一体"。在古代杭州老百姓的认知里，由于生活在自然天成的山水美景中，由于风调雨顺带来了富庶江南，勤于劳作又使杭州人得以"有闲"，人们较早对自然生态有了独特的敬畏和珍爱的态度。他们爱惜自然之力，善于农作物轮作，注意让生产资料休养生息；珍惜生态之力，精于探索自然天成的生活方式，在烹饪、茶饮、中医、养生等方面做到了天人相通；怜惜劳作之力，长于边劳动、边休闲娱乐和进行民俗、艺术创作，做到生产和生活的和谐统一。如果说"天人合一"是古代思想家们的哲学信仰，那么"亲近山水，讲求品赏"，应该是古代杭州人的生动实践，并成为影响后世的生活理念。

再如，中华文化的另一个特点是不远征、不排外，这体现了它的包容性。儒学对佛学的包容态度也说明了这一点，对来自远方的思想能够宽容接纳。在我们国家的东西南北甚至是偏远地区，老百姓的好客和包容也司空见惯，对异风异俗有一种欣赏的态度。杭州自古以来气候温润、山水秀美的自然条件，以及交通便利、商贾云集的经济优势，使其成为一个人口流动频繁的城市。历史上经历的"永嘉之乱，衣冠南渡"，"安史之乱，流民南移"，特别是"靖康之变，宋廷南迁"，这三次北方人口大迁移，使杭州人对外来文化的包容度较高。自古以来，吴越文化、南宋文化和北方移民文化的浸润，特别是唐宋以后各地商人、各大商帮在杭州的聚集和活动，给杭州商业文化的发展提供了丰富营养，使杭州人既留恋杭州的好山好水，又能用一种相对超脱的眼光，关注和包容家乡之外的社会万象。这种古都文化，也代表了中华文化的包容性特征。

城市文化保护与城市对外开放并不矛盾，反而相辅相成。古今中外的城市，凡是能够吸引人们关注的，都得益于与其他文化的碰撞和交流。现代城市要在对外交往的发展中，进行长期和持久的文化再造，并在再造中创造新的文化。杭州这套丛书，在尽数杭州各色传统文化经典时，有心安排了"古代杭州与国内城市的交往""古代杭州和国外城市的交往"两个选题,一个自古开放的城市形象,就在其中。

"杭州优秀传统文化丛书"团队在传统和现代的结合上,想了很多办法,做了很多努力。传统文化丛书要得到广大读者接受,不是件简单的事。我们已经走在现代化的路上,传统和现代的融合,不容易做好,需要扎扎实实地做,也需要非凡的创造力。因为,文化是城市功能的最高价值,也是城市功能的最终价值。从"功能城市"走向"文化城市",就是这种质的飞跃的核心理念与终极目标。

2020年9月

(单霁翔,中国文物学会会长)

西湖图(局部)

目 录

001	出生在富春
012	成长于钱塘
026	新建新都郡
042	亲临临水县
055	仲翔乃国贤
073	忠心多一点
091	表彰钟离牧
107	敕封建德侯
128	黄武置县忙
141	临设东安郡
156	纪胜石人岭
183	钱塘添书香
199	天子回家乡
223	钱塘铸大钱
236	梦回凤凰山

出生在富春

1

汉灵帝光和五年(182)。

春天的一个早晨。

富春江像一条银色的飘带,萦绕摇曳在白鹤峰的山边自西向东流淌着、奔腾着。晨风渐渐将云雾吹散,露出的白鹤峰像一块镶嵌在天际的碧玉,发出熠熠的光泽。在江南岸的官道上,一白一黑两匹骏马风驰电掣般地奔跑着。身后漫山遍野繁花似锦。白马上坐着的那人,身材魁梧,双眉紧锁的脸颊黑中透红,最有特色的要数他嘴角的那两撇翘胡,在日光下有些泛红,眼珠却有些偏蓝,相貌威武,正面瞧有镇山竖塔之威,侧面看有翻江倒海之势。此人姓孙名坚,字文台,二十七岁,富春县①瓜桥埠人,目前担任下邳县丞。

数日前,孙坚接到父亲孙钟写来的家书,信中说孙坚妻吴氏即将临产,请他速回。他匆匆地向下邳令齐泰告了假,带着祖茂就往家里赶。祖茂,字大荣,与孙坚一起长大,自孙坚在富春县衙做事起,十年来他就一直

① 今杭州市富阳区。

跟着孙坚,从富春到余杭,再到盐渎、盱眙,去年到下邳,始终追随,是孙坚的得力助手。此次随孙坚回来,也正好回自己家看看。

晌午时分,孙坚终于赶到了家。祖茂走进种德堂与孙老爷子打了个招呼,听说嫂子吴氏还没动静,就先回自己家报平安去了。

七岁的孙策见到父亲回来,高兴地从自己房间冲出来,一头扑了上去,亲昵地连声叫"爹",一边叫还一边亲,惹得孙坚将儿子抱得紧紧的,许久不愿放下。

瓜桥埠碑亭

瓜桥埠吴大帝
孙权塑像

挺着大肚子躺在内室的吴氏，见自己的丈夫回到身边，精神好了很多，脸色也好看起来。家中诸人见孙坚及时赶回来，都分外高兴，热热闹闹地聚在一起吃晚饭，孙羌一家、孙静一家与孙坚一家聚在一起，大大小小加起来近二十个人，你一言我一语，小孩子们你争我抢，种德堂的大厅里好不热闹。晚饭过后，众人渐渐散去，大厅里只剩下孙钟、孙坚父子俩。

孙钟将手搭在案几上撑了几撑，孙坚知道父亲要起身，想过来扶一下，不料父亲已颤巍巍地站起来，先挪到左侧的两盏油灯处，拨了拨已烧短的灯芯，等他将左右两侧的四盏油灯全都拨过之后，大厅亮了很多。孙坚忙扶父亲坐下。还是孙钟先开了口："这两天，难得大家都在家，等着你媳妇生产。咱爷俩面对面坐一块儿也难得，正好有个事跟你谈谈,你知道了就行,千万别跟人说,连你媳妇也不行。"孙钟压低声音说完,并看着孙坚。

孙坚被父亲看得不好意思,连忙笑道:"父亲,什么事这么神神叨叨?晚上喝的酒好像不多呀!"

"反正你不能跟任何人说,这件事奇着呢!"接着,孙钟跟孙坚小声讲起了前段时间他亲眼所见的一件事。原来,自从孙坚的爷爷孙耽下葬城东之后,许多人都在孙耽的墓顶看到了一层不一般的云气,村里人都议论纷纷,还有人私下直呼"此乃真龙天子之气"。孙钟原本是不相信的,直到前段时间,他去父亲墓地时亲眼看到坟头上笼罩着一层紫色云团,时隐时现。孙钟简直不敢相信自己的眼睛,心里既惊喜又纳闷:自己的儿子虽说当过几个县的县丞,带有一些兵,但也只不过是一个小吏而已,做天子还是八竿子打不着的事情。孙钟是聪明之人,虽然祥云预兆是好事,也只能在心中一念而逝,因为这种惹事遭诛的事情是绝不能乱想的。

听孙钟讲完,孙坚脸上却有一丝淡淡的忧伤,呷了一口茶道:"父亲啊!你不相信是对的。世上哪会有这般好事!如今这世道,只要你朝中无人、家中无钱,就是你再能干,也只能是升迁无望报国无门。看看你儿自小就有一身好武艺,也早就有忠君报国之志,十年前就因剪灭在句章作乱的许昌、许韶父子有功而任盐渎县丞,五年前调任盱眙县丞,去年又改任下邳县丞,整整十年啦!兜兜转转还只是个小小的县丞。就是要当到先祖兵圣那个大将军的位置,也还差十万八千里呢!更别说什么祥云紫气啦!"孙坚一口气说完后,重重地叹了口气。

"儿呀!有些事冥冥之中自有安排。只要心存梦想,就绝不能轻言放弃。爹知道你不信邪,但几十年来爹碰

雄瓜地

上的奇事还真不少。爹今天再给你讲一个你出生那年发生的一件怪事。"孙钟说着,思绪被拉回到了二十七年前的那个夏天。

那是在孙坚出生的这一年,汉桓帝永寿元年(155)的夏天。艳阳高照,晴空万里,无一丝白云,抬头望天,偶尔有几只鸟雀盘旋。随着太阳骤升,鸣蝉声起,树叶卷缩。在距离种德堂三里远的雄瓜地里,孙钟戴着斗笠,汗流浃背地在浇水锄草。时近正午,孙钟忙活停当,怔怔地看着那只小水缸般大小的西瓜。许久,他决定把这个瓜摘下来,带回家去,供奉天地后,孝敬爹娘,然后让妻儿们也尝一尝。正欲摘瓜,迎面走来了一个白胡子老者,他弯腰伛背,满脸病容,嘴里连声喊着:"渴死了,渴死了。"孙钟慌忙将茶筒递过去,老者仰起脖子"咕嘟咕嘟"地喝个精光,接着又喊:"渴死了,渴死了。"眼睛却一直盯着那个瓜。孙钟知道他想吃瓜,但十余亩瓜地今年就只结了这么一个瓜，实在有点舍不得。他看着老者的这副可怜相，暗忖：君子有成人之美，种德之名不能虚传。于是他便毫不犹豫地摘下西瓜，"咔嚓"一刀剖开，恭恭敬敬地捧给老者，并且说道："老人家，您慢点吃！"那老者也不说话，接过来就吃，一会儿工夫就把整个大西瓜吃了精光。孙钟有点后悔，别人不吃不要紧，可母亲没有的吃他却于心不安。母亲是西域人，吃惯了瓜果。母亲今年尝不到自己种的西瓜，做儿子的怎么对得起她老人家。但现在瓜已被老者吃完，也只好作罢。谁知那老者吃了西瓜后病容全消，背也平了，腰也直了，摸摸长长的白胡须笑道："好瓜！好瓜！振扬贤弟，我也要答谢你。"孙钟听那老者直唤他的名字，甚是诧异，忙问道："老人家，您怎么认得在下？"老者也不回答孙钟的疑问，却神情凝重，一本正经地对孙钟说："你闭上眼睛跟我走，一定要记住，要等到走出这块雄瓜地才能睁开眼！"说罢，他转身朝前走去。孙钟是个老实人，见老者一副严肃的样子，就闭起眼睛跟着走了。可是走啊走，走了好一会儿，还没听到老者叫"停"。孙钟害怕了，心里想着前面是富春江，可别走到江里去啊！他忍不住睁开眼来，这一下坏了，只听见老者"哎呀"一声，连连叹息道："可惜呀可惜，你们孙家只得三分天下！"说罢，一声长叹，绝尘而去，转瞬之间就不见了踪影。孙钟被弄得莫名其妙，似懂非懂，正发愣时，孙㳛兴冲冲跑来，上气不接下气地对孙钟说："大哥！大哥！嫂嫂马上要生产了，快点回去！"当天晚上，孙坚就在种德堂出生了。

孙坚耐着性子听孙钟讲完，为了不刺激老父亲，便顺着老父亲的意愿道："照爹的意思，看来我们孙家要兴旺发达了。您儿媳这两天就要生产了，您还是早点去休息吧！"

2

到了第三天的早上,晨光熹微,大家都还沉浸在睡梦中,内室传来吴氏肚痛的叫喊声,昨日就进驻种德堂的接生婆赶忙进入内室,帮助吴氏生产。同时起身进入内室帮助接生婆的还有孙羌夫人徐氏、孙静夫人王氏。卯时一刻,内室传来"哇哇"的哭声,婴儿降生了。他来到人间,就大喊大叫地哭嚎,哭声响得连瓜江周围的几个村子都听得到,洪亮得出奇,惊得堂前屋后树上的喜鹊鸣,乌鸦叫,苍鹰飞。等这个孩子登基做了皇帝之后,家乡的人们在描述其出生情景的时候,加进了"富春江上突然无风三尺浪,云雾间飞起一条黄龙,在种德堂的上空消逝不见了"的内容,以增加帝王出生时的神秘感。

接生婆抱着婴儿来到客堂,对孙坚说:"孙老爷,恭喜您了,您家二公子长得浓眉大眼,将来定是大富大贵之人。"

孙坚迫不及待地从接生婆手中接过儿子。他凝视着儿子,这是他又一个生命的延续。儿子的长相果然不凡:

费孝通题"孙权故里"碑

方颐大口,目有精光,大眼睛骨碌碌在转动,仿佛在寻找着什么,搜索着什么。更为奇特的是那对耳朵,既大且长,耳垂很是丰满,有如两颗肉球。孙坚也忍不住赞道:"这小子是有些不同!"

接生婆翻开包裹婴儿的襁褓,对孙坚说:"老爷,您看令公子的两只手才长得好呢,他的中指都可以触到膝盖了。"

孙坚不信地说:"哪有这么长的手?老人家是不是看错了?"

接生婆早已将婴儿的双手牵伸拉直了,两只手臂果然长得出奇,手的中指果然与腿的膝盖相齐。孙坚心中暗暗高兴,此子将来必成大器!接生婆恭维道:"方颐大口,两耳垂肩,要得江山。身长腿短,双手过膝,要当皇帝……"

孙坚急忙阻止道:"老人家,这话是犯上的,可不得乱说。"说完,重赏了那个接生婆,接生婆拿着钱,又是一番恭维后,终于走了。孙坚轻轻地抱着婴儿,迫不及待地进内室看吴氏去了。

产后的吴氏躺在榻上似睡非睡,不知过了多少时间,肌肤有种黏糊糊沉甸甸的感觉,似乎有什么东西窜出体外,异样的疼痛令吴氏喃喃呻吟,全身悚然,突然"哇"的一声叫了起来。孙坚刚好进来,连忙安慰道:"怎么啦?夫人!你看,我把儿子抱来了,你瞧瞧!长得多可爱呀!"

吴氏用手疼爱地、轻柔地摸了摸儿子的脸,还是有些后怕地对孙坚说道:"夫君,贱妾刚才做了一个很可怕的梦,梦见自己的肚子疼痛得厉害,正当站也不是,坐也不是的时候,来了一个叫花子。那个叫花子手里拿了一把刀,一下扑过来,一刀就把贱妾的肚皮割破,钩了肚中的肠子就跑。贱妾当场昏死过去,醒来的时候看见自己倒在血泊中,肠子已被拉空,叫花子在一旁嘻嘻笑着,说他拉着贱妾的肠子已跑到了吴阊门一带。说完,叫花子突然不见了,贱妾也被惊醒了。"

坐在榻沿上的孙坚,换成一手抱婴儿,腾出一只手来拉了拉盖在吴氏身上的被子,道:"噢!这个梦倒是怪了,下次碰到惟居先生时我问问他如何解。"

"夫君,还有更奇的呢!"吴氏拉着孙坚的手说,"当年贱妾生策儿的时候,忽然觉得有个月亮一样的东西进到了自己的肚子里。今天生的时候,也感觉到有个太阳一样的东西进到了自己的肚子里,不知为什么会这样?"

谁知孙坚听了哈哈大笑:"夫人!这个我能解,日月者,阴阳之精魄,极贵之象,看来咱们孙家子孙真的要兴旺发达啦!"

梦日亭

3

孙坚沉浸在得子的喜悦之中，心里想着如何给儿子取个好名字。此前，孙坚也多次向孙钟说过，要请当爷爷的给孩子取个吉祥的名字。孙钟听罢，半天也不回话，他也相信，这个刚降生的孙儿肯定不简单。现在给孙儿不是取一个吉祥的名字，而是取个合适的名字。名字是一个人一生的符号，有什么样的名字，就有什么样的人生，就有什么样的事业！生在哪一年、哪一月、哪一日、哪一个时辰，生在什么地方，天地八方六合，金木水火土，都要和合才行。孙钟在这些天，对着天，对着雄瓜地，对着白鹤峰，对着阳平山，对着襁褓中的孙儿，他想了很多很多，最后决定孙子的名字由他的父亲取，儿子是父亲的精血，父子间能够通灵。孙坚得知父亲让他自己给孩子取名后，苦思冥想了许多日，取了不少，又觉着都不合适。他想给他儿子取一个合适的名字。

日子过得真快，时间一晃，就到了婴儿满月的时候。在儿子满月的前一天，孙坚终于从上万个字中定下了儿子的名字。连忙来禀告父亲："父亲，孩儿给您孙儿取名为权，您认为如何？"

孙钟心底一亮，脸上却仍无任何表情，深深地思索了一会儿，说道："为什么这样取？请儿细细说与为父听。"

孙坚喷了喷嘴，道："父亲给孩儿取名为坚，《易·坤》云'履霜坚冰至'；《诗经》云'实坚实好'，意为穷当益坚，老当益壮；志如坚石，出类拔萃。儿继父志，秉您种瓜荫德，孙氏继我，再上层楼。长子取名为策，意为策其马，让其不断地促进。此子取名为权，当年，田忌亡齐而之楚，邹忌代之相齐，恐田忌欲以楚权复于齐，权者，权力，权势也，此为一。前几日葛玄师傅送来的左大师条符有句云：'铢两斤钧石，称权物平施。'已经说得很清楚了，此为二。《尔雅·释草》云：'权，黄华。'《释木》也云：'权，黄英。'权指黄色也，当日这孩子出生之时，人云富春江突起巨浪，云雾缭绕之时飞起一条黄龙，虽是途说，也饱含种种希望，希望他能够继承昊天之德，扬龙之精神，弘先祖黄帝，奉伟业于天下，此为三。四则此子五行缺木，取名为'权'，以木补缺。"

孙钟越听越坐不住了，当年与父亲搭救和结拜的兄长方常所预测的事情，冥冥之中似乎都得到安排和兑现，又似乎全集中在了刚刚出世的权儿身上。听孙坚这么一说，心中像打翻了五味瓶，说不出什么味："缺木？"

孙坚点了点头，他觉得父亲似乎在想什么，忙道："不过权儿主贵，谋思广益，网罗人才，更重要的是手执权柄身附谋臣，能进能退，能屈能伸，况且拾遗补缺了，岂不更好！"

孙钟听着，长长地吁了口气，"嗯"了一声："好！好！孙儿就取名为权。"

办完了满月酒，孙钟因恋着结满西瓜的雄瓜地，有时也去瓜地旁草棚里睡睡，与钟爱的西瓜为伴。月光下孙钟满头银发，显然老了。孙钟在故里待了一辈子，从不涉身士族，步入中年以后心中只想着孝奉老母，种瓜济人，生性恬淡，在讲求礼义的东汉时期，布衣孙钟也赢得了巨大清誉。四十多年后，孙权在武昌称帝，追尊祖父孙钟为孝懿王。

成长于钱塘

1

位于钱塘县治西边的石人岭，便是孙权的外婆家，也是他度过童年的地方。

在孙权出生后不久，爷爷孙钟就过世了。孙权七岁以前除了偶尔有几次被母亲带着去探望远方的父亲，住上一阵，其余时间一直随母亲在石人岭居住。

孙权的母亲吴夫人既是一个能干的女人，又是一位贤妻良母的典范。吴夫人出身吴县名门世家，父母先后早逝，与弟弟吴景相依为命。因父母与会稽郡上虞县的朱家是至交，朱家有个儿子叫朱儁，字公伟，被封为钱塘侯，有家兵数千人，自筑营垒和坞壁。吴氏姐弟便护着父母灵柩随伯叔父几家一起迁居到钱塘石人岭，并得到了朱氏家族很好的照顾。

光阴荏苒，若干年过去，吴氏出落成一位名动乡里的大美女，不仅貌美，而且异常聪慧能干，当时担任郡司马的孙坚非常艳羡，想娶她做妻子。孙坚几次三番托人上门做媒，均因其出身寒微，被吴氏家族拒绝。

孙坚可不是盏省油的灯。早在熹平元年（172），十七岁的孙坚就在家乡招募精壮青年千余人，协助官兵讨伐自称"阳明皇帝"的许昌。在大小数十次的战斗中，孙坚所率的兵力成了主力。许昌、许韶父子屡战屡败。孙坚自小就是个不按常理出牌的主儿。一天深夜，他只带了十几个人假扮成许昌的巡营士兵，潜入了许昌的营寨。孙坚一进营寨，就直奔中军大帐，守帐的两名军士刚想阻拦盘问，他早已挥刀左劈右砍，两名军士还没反应过来就倒在了地上。许氏父子被响动惊起，见孙坚带人冲进帐来，急忙抓起宝剑，刚抽出一半，就被孙坚杀死。这时，营寨外的孙坚部众得到信号，发起进攻，顿时喊杀声四起。许昌的部下被喊杀声惊醒，将中军大帐团团围住。孙坚毫无惧色，许昌的部下用刀枪指着孙坚，孙坚高高举起许氏父子的人头，厉声喝道："许氏兴兵作乱，祸害一方，已被我杀，现在官兵已将这里团团围住，尔等都是受许氏蒙骗的无辜百姓，若马上弃械投降，我孙坚可保尔等不死。"许昌父子的兵马被困多日，进退无路，早已人心涣散，此刻见主帅已死，便纷纷缴械投降。

可就是这样一位在战场上骁勇善战、捷报频传的青年英雄，在情场上却三番五次失利。孙坚对此耿耿于怀，老是觉得吃不到羊肉，倒惹上了一身羊臊气。吴氏家族认为孙坚"轻狡"，用现在的话说，就是轻浮，不踏实，狡猾，善于耍小聪明，摆噱头。可吴氏却不这么认为，自己做主，表示愿意出嫁。她对家族中的长者说："怎么能因为爱惜我一个女子而使家族招致祸患呢？如果我没有遇到一个可以托付终身的人，那也是我命该如此。"于是便与孙坚在石人岭成了亲。

因孙坚立了大功，扬州刺史臧旻将他的功绩表奏朝廷，孙坚被任命为盐渎县丞，所以婚后不久，孙坚就带着祖茂等人上任去了。吴氏没有随行，而是由孙静等人护送来到孙坚老家富春县的种德堂，侍奉公婆。次年，她和孙坚的第一个儿子出生了，这就是日后号称"小霸王"的孙策。

在此后的七年时间里，孙坚东奔西走，先后出任盐渎县丞、盱眙县丞和下邳县丞。孙权是他们的第二个儿子，即三国时期吴国的开国皇帝，史称"吴大帝"。后来，吴夫人又生育了孙翊、孙匡两个儿子和一个女儿，这个女儿长大后嫁给了刘备，史称"孙夫人"。

2

汉灵帝中平元年（184），也就是孙权降生两年后，黄巾军起义爆发，声势遍及全国，多个州郡失守、吏士逃亡，天下震动，朝廷恐慌。

朝廷急忙启用了两员大将皇甫嵩与朱儁进攻黄巾军。这朱儁就是被封为钱塘侯的朱儁，是孙坚妻舅家的至交。朱儁深知对付黄巾军非有一批干将不可，他首先就想到了有勇有谋、跟自己家还有点关系的孙坚，便任命其为佐军司马。

孙坚来不及回钱塘与妻儿告别，就直接在下邳县带着自己招募的一千多精兵奔赴战场。不过他在出发前，给吴夫人写了一封家书。家书的大致意思是，自己与夫人及两个儿子一别又一年有余，本想在春暖花开之际回一趟家，看看夫人和两个可爱的孩子。但事与愿违，黄巾事起，如燎原烈火速蔓九州，朝廷危在旦夕，身为朝廷命官，理应舍家报国。再告诉你一个消息，此次是朱氏家族的朱儁直接点名要的我，并任我为佐军司马，我一定要在战场上好好表现，争取立大功，这样一来，上可以为国家讨伐叛逆，下可以光大我孙氏的门楣。最后

成长于钱塘

刘玄德娶孙夫人

杭州风华 HANG ZHOU

015

一段是写给两个儿子的，希望两个儿子能继承兵圣孙武子的研战之风，好好读书，好好练武，好好研习兵法。

吴夫人看完信后，将信的内容一句不差地读给十岁的孙策和三岁的孙权听，兄弟俩不仅听得很认真，且从此养成了关注天下战事的习惯，过几天就要问问父亲在战场以及其他将领在战场的情况。兄弟俩年纪那么小，就有这种特殊的爱好，吴府上下甚是惊异，连朱府和县衙上下都很好奇。

吴夫人教子非常上心。特地持重礼聘弃官回乡的尚书郎全柔教孙策文学，请在县衙任县尉的姑父徐真教其武术。自己则亲自给孙权开蒙，教他识字。到了孙权五岁那年，吴夫人就要求他背诵《诗》《书》。

一天，吴夫人正在院子里教孙策、孙权读书。忽然，徐真兴冲冲地跑进来，边跑边冲着娘仨喊道："大嫂，有……有天大喜事，今天县里得到消息，大哥因在长沙郡平乱有功受到朝廷嘉奖，已被封为乌程侯啦！"孙坚把妹妹嫁给了徐真，孙家有喜事，他当然高兴。原来，朝廷在平定黄巾军的过程中已经注意到了孙坚这个英勇善战的将领，所以今年年初长沙郡发生区星叛乱时，朝廷第一时间就想到了孙坚，立马任命他为长沙郡太守。这次任命对孙坚来说，可谓是荣登显位了，他在得到任命后自然十分卖力。孙坚率程普、黄盖、韩当等大将东征西讨，所向披靡，仅用了一个多月的时间，便擒杀区星，荡平叛乱。孙坚被朝廷封为侯，不仅朱府与县衙的人过来祝贺，四邻八乡的士绅也都过来庆贺。一时间，吴家宅院门庭若市。

3

听到父亲被封为侯爷，孙策、孙权俩别提有多高兴了，

成长于钱塘

杭州风华 HANG ZHOU

黄盖献计破曹操

逗着两岁的弟弟孙翊说："弟弟！咱们的爹爹真了不起，现在既是太守又是侯爷，说不定明天就来接我们啦！"

"好啊好啊！我可以马上见到爹爹啦！"孙翊跳着拍起了肉嘟嘟的小手。

孙策说："我要更加勤练武功。二弟，你要更加努力读书。三弟，你要更加听娘的话。这样，爹爹回来，一定会更高兴的！"

孙权双手握紧拳头接道："大哥，我从今天开始也要练功夫，兵圣的后代要文武双全。"

"好，二弟，大哥教你！"

吴夫人听着他们兄弟仨的对话，感到非常欣慰。走过去抱起孙翊亲了一口，用手摸了摸孙权的头，说道："来，咱们到院子里去坐，今天呀，娘给你们讲一个爹爹年轻时的故事。"

吴宅连着吴泰、吴弼和吴微三个四合院，分别是孙策他们大舅、二舅和小舅的房子。他们的四合院很完整，吴氏兄妹的房子因住的人少，吴景常年在外跟着姐夫孙坚打仗，当年只造了一面五间的房子，把未造房子的空地都用高墙围了起来，所以感觉吴宅的院子特别大。孙坚、吴景他们回来时总爱在院子里种树，吴夫人与丫鬟吴霞喜欢种花。几年下来，吴宅成了花圃，树的品种不多，花却是琳琅满目，种类繁多，一到春天，竞相开放，争奇斗艳，五颜六色，置身花海，一阵风过，满院芬芳。不论是吴夫人还是几个孩子，都喜欢待在院子里。有时吴夫人做针线活，吴霞抱着哄孙翊，孙策练剑，孙权读书，院子里其乐融融。

吴夫人抱着孙翊坐在石椅子上，叫孙策、孙权坐在圆柱形的石凳子上。她看到吴霞正在花圃里劳作，也示意她过来听。吴夫人见大家都已坐好，拍了拍正打着哈欠的孙翊，说："翊儿，听娘讲完了才能去睡。你爹爹很小的时候就非常聪明，跟祖茂叔叔的爹爹学武功时一学就会。每次都是你爹爹学会了以后再去教你们的祖茂叔叔，所以你们爹爹到了策儿这个年纪就已经功夫了得了。所以今天，娘要给你们讲一个你们爹爹年轻时勇杀海盗的故事。"提起夫君孙坚，吴夫人一脸的崇拜，讲故事的声音也变得柔和了。

孙坚勇杀海盗的故事发生在汉灵帝建宁四年（171），那年他十七岁，与父亲孙钟一同乘船去钱塘，船将要靠岸时，刚好遇到这一带的海盗头领胡玉带着十几个喽啰抢劫完过往商人的财物，正在岸上分赃，船上的人见此都吓得缩在船舱内不敢作声。这时，孙坚走到孙钟的身边道："爹爹，请允许我去擒住他们！"孙钟慌忙拦住他说："坚儿，这不是你一个人能对付得了的！"孙坚却坚持要去。只见他拿着刀独自一人跳上岸去，猫着身快速冲到海盗的跟前，突然直起身大声断喝，右手拿刀左右砍杀，左手挥舞东西指向，海盗们见到这阵势，都以为来了许多官兵，立即丢下财物四散逃走。别看这些海盗平时掳掠猖狂，但最怕的就是见到官兵。孙坚趁势追击，硬是把跑在最后的一名海盗砍翻在地。他见其他海盗都逃远了，才上前砍下海盗的首级。孙坚健步走回船边，将海盗的首级扔在地上，神色泰然自若，而大家却惊得半天说不出话来。孙坚智勇杀海盗的故事很快就在钱塘江两岸传扬开来，都说富春县一个十七岁的少年独自杀退十多个海盗。这故事一直传到吴郡太守的耳朵里，太守认为在自己的辖地出了这样的英雄，脸上有光，心中高兴，正好此时钱塘县管治安的县尉病故了，就让孙坚顶替了他的位置，提拔他担任钱塘县代理县尉。

孙坚就这样踏上了仕途，也正因为担任钱塘县县尉，不久也就知道了钱塘群山中有一位貌美并且聪慧能干的吴小姐。

奇怪！吴夫人在讲孙坚智勇杀海盗的时候，特别是讲到孙坚"上前砍下海盗首级"的时候，吓得吴霞都尖叫不已并用手捂起脸来。谁知两岁的孙翊却听得津津有味，两只肉嘟嘟的小手还鼓起掌来。吴夫人对小孙翊的胆量很是诧异。

4

因妻儿都在钱塘县，孙坚只要战事不吃紧，每年都会回来团聚一下，多则半月，少则几天。自从生了小孙匡和小女儿孙仁之后，孙坚决定尽快接吴夫人与子女去前线后方的大本营居住，以解与家人长期分开的相思之苦。

那一年，孙权七岁，孙策已十四岁。由于母亲要带弟弟妹妹，全柔身体不好在家养病，徐真之子徐琨已辞了县尉之职跟随孙坚打仗去了，吴夫人只能送孙策、孙权去金沙涧旁边的学业堂，由钱塘大儒范援教他们学习。望着这个靠山傍水、绿树成荫、环境优美的学堂，兄弟俩都暗暗下定决心，一定要努力成为学业堂里出类拔萃的学生。

寒窗苦读的生活开始了。每天清晨，天刚蒙蒙亮，孙策、孙权便起床，简单洗漱后，兄弟俩就会带着书走上石人岭。他们在那里朗读背诵文章，以琅琅的读书声迎接新的一天。这件事，很快被细心的老师范援知道了。他感到这是个温故而知新的学习好方法，便要求其他学生向孙策、孙权兄弟学习，并把晨读作为学业堂的一项

金沙涧

制度规定下来。从此,学风为之一新,灵隐山变成了名副其实的读书山,人们老远就能隐约听到从灵隐山顶上传来的琅琅读书声。

不久,范援又发现孙策、孙权读书的方法很特殊,不像一般的学生那样咬文嚼字、死记硬背,而是观其大略、记其精华。只要范援出题,兄弟俩便能即席而颂,出口成章。

一次,范援先生带着弟子们秋游,一行人沿着金沙涧南岸往下走。走到金沙涧中游处,范援停下脚步,要学生们以"金沙涧"为题说一段话,有的讲了金沙涧两岸的景致,有的讲了金沙涧弯弯曲曲的形状,还有的讲了金沙涧的溪水拼搏大海的想象。范援听了似乎都不满意,见孙权还未回答,便示意他来说。孙权点了一下头,指着眼前的金沙涧说道："大家看金沙涧的水日复一日默默地流淌，石头挡它，它绕开走，堤岸挡它，它拐个弯。它不站高冈，总往低处流，尽管低洼的地方有许多污秽，但水不嫌弃，越是在低处，越能汇纳涓涓细流，汇成大流。可水也有发怒的时候，连大船都敢掀翻，水是有力量的，我们要学水做水。老师，我说得对吗？"范援听了，很是赞赏。

孙坚在兴义兵讨伐董卓之时，派了朱治、吕范两位将军专程来钱塘，将家眷全部迁到庐江郡舒县。舒县是孙策的同龄人周瑜的家乡。就这样，孙策、孙权匆匆结束在学业堂的学习，随母亲和弟弟妹妹们一起到了舒县。

5

当吴夫人到达舒县时，孙坚早已等候在那里了。亲人相见，分外高兴。孙坚一直对孙策、孙权格外关注。他每到一处，总是让吴夫人在家书中写上兄弟俩的学习情况。当从每年的家书中看到：十岁的孙策已在学功夫，三岁的孙权已牙牙学语；十一岁的孙策已能背诵《礼记》，四岁的孙权已爱上射箭；十二岁的孙策已能写就《钱塘赋》，五岁的孙权已能通读《诗》《书》；十三岁的孙策已能舞剑，六岁的孙权已能弹奏曲子。兄弟俩的表现，让孙坚暗暗称奇，异常高兴。

孙策从小志向远大，喜欢结交朋友，尤其是各类英雄豪杰。到舒县后不久，孙策就结交了周瑜。周瑜字公瑾，出身于舒县的世家大族，才华出众，誉满舒县。两位少年一见如故，交往日久，友情越发深厚。周瑜见孙策家的住房不宽敞，光线也不是很好，便请孙策全家住到大道南边一处宽敞的大房子里。安顿妥当后，他又在家中举行宴会欢迎孙策全家。席间，周瑜把吴夫人请到高堂之上,先行了跪拜大礼,然后对吴夫人说:"伯母大人,瑜儿不幸,早失双亲。伯符兄既与我情同手足,伯母也就是我的母亲。从今往后,我们两家即是一家,自然要互通有无,不分彼此,望母亲大人万勿见外!"吴夫人一听,不禁热泪盈眶,只叫了声:"公瑾、伯符一样,都是我的好儿子!"就再也说不出话来。

不久,袁绍、袁术兄弟闹翻。袁绍联合荆州牧刘表从南边牵制袁术,袁术即派孙坚进攻刘表。刘表命大将黄祖率军阻击。孙坚之军锐不可当,连连胜利。接着,孙坚索性追渡汉水,围攻荆州重镇襄阳,整个荆州为之震动。

孙坚下令军士日夜攻城,不给敌人以喘息的机会。到黄昏时分,黄祖率三千人马从南门出城绕到东门外,正巧踫上孙坚在这里督战,孙坚看见黄祖,怒从心底起,火从鼻孔冒,飞奔过来与黄祖大战。黄祖哪里是孙坚的对手,交手就败。黄祖回不了城,只好率军往岘山方向逃跑。孙坚紧追不舍,侄儿孙贲担心有失,急忙召集兵马从后面赶来。黄祖退到岘山,并令弓箭手设伏。孙坚追上岘山,一时间草丛中乱箭猝发,孙坚毫无防备,身中数箭倒下了。黄祖大喜,欲跳出草丛来取孙坚的首级。这时,孙贲率兵赶到,杀退了黄祖他们,跳下马抱起孙坚,不禁泪如雨下,孙贲想着自己出生的第二年就父母双亡,孙坚待他亲如儿子,现在叔父性命垂危,怎不叫孙贲肝肠寸断。一会儿,孙坚苏醒过来,一字一句地对孙贲说:"贲儿,叔父命休矣!请你转告策儿、权儿,当今乱世,兄弟之间一定要齐心协力,继承父志,纵横天下,建不世之功!黄祖杀我,此仇必报!"说罢含恨而亡。

刘表得报孙坚已死,就命蔡瑁和黄祖率领轻骑追赶。程普、黄盖、韩当等奋力抵挡,尽弃辎重,又折了许多人马,

梦回钱塘的孙权

HANG ZHOU

袁绍孙坚夺玉玺

024

才保住灵车下船，经水路而退。

灵车到达舒县，吴夫人领着五个子女哭得死去活来。众将士见此情形，也都纷纷落泪号哭。孙策哭着对吴夫人说："母亲，刘表杀我父亲，我一定要叫刘表血债血偿！母亲，孩儿已经成人了，我要率军出征！"

孙权泪眼汪汪地看着父亲的棺木，拍了拍孙策的手，说："我也要随大哥出征，把刘表那颗狗头拿回来祭奠爹爹的亡灵！"

吴夫人听了，一手搂了一个，哭得更伤心了。大家苦劝，才把孙策、孙权兄妹们扶回室内休息。几天后，众人护送着灵柩和吴夫人一家一路南下，把孙坚安葬在曲阿，孙权称帝后称"高陵"。

董卓得到消息，真是喜出望外。他最怕的就是江东猛虎孙坚，孙坚这一死他便放心了，对众人高兴地说道："孙文台一死，老夫从此无忧矣！"

孙策将父亲孙坚葬在曲阿后，陪着母亲，带着弟弟妹妹迁到江北的江都住了下来。

新建新都郡

1

贺齐,字公苗,会稽山阴①人。本姓庆氏,为避汉安帝父亲刘庆的名讳,改为贺氏。贺齐的父亲贺辅,曾为永宁县②长。贺齐后来也曾任过永宁县长,可谓是子承父业。贺齐年轻时就已名震山越,少年时就担任郡吏,后来任守剡县长。其县吏斯从为非作歹,为害一方,贺齐

千岛湖旅游码头贺齐像

① 今浙江绍兴。
② 今浙江永嘉县。

打算修理他。主簿却劝他说:"斯从家族是县里的大族,周边山越都依附他的家族,大人你今天修理他,明天就会有山越来找大人报仇。"贺齐听了大怒,高声喝道:"我贺齐就不信这个邪!"于是当天就把斯从抓起来杀掉了。第二天,斯从家族果然纠集了一千多人攻打县城。贺齐毫不畏惧,率领士民突然打开城门快速冲杀出去,一举打败了由斯从的家族和周边山越组合的队伍,"威震山越"。后来,太末县、丰浦县的山越反叛,贺齐又转任太末县长,贺齐每到一地都推行"诛恶养善"的镇抚政策,各地山越之乱很快被平定下来。贺齐成了山越的克星,也就自然成了当时专门对付山越的名将。

孙坚被黄祖的兵射死在岘山的时候,孙策才十七岁,孙权仅十岁。孙坚以勇猛冠世,谁知孙策更勇猛,被世人称为"小霸王"。孙策几乎是白手起家一统江东,因为他父亲死后的部队被袁术收编了,他见袁术志大才疏成不了大事,便在朱治的指点下,假言转赴江东帮助母舅吴景、从兄孙贲他们去打刘繇,袁术同意后才将一些孙坚的老部下划拨给他。没想到他在奔赴江东的途中有五六千人投军,多年前结交的周瑜也带着军士前来相助。参加孙策队伍的人并不是看热闹、凑热闹的,而是被孙策的英雄气概吸引来,他们愿意跟随他,和他一道成就一番事业。孙策就是以此为基础开启了平定江东的艰难征程,迅速占据了江东吴郡、会稽、丹杨、豫章、庐江五郡,从豫章分出庐陵郡,共六郡,自领会稽郡太守,以自己的舅舅吴景为丹杨郡太守,以伯父的长子孙贲为豫章郡太守,以伯父的次子孙辅为庐陵郡太守,以父亲的老部下朱治为吴郡太守,以李术为庐江郡太守。孙策经过七年的艰苦征战,终于一统江东。

相隔九年,孙策的结局与其父孙坚有着惊人的相似。建安五年(200)四月,孙策在事业如日中天的时候突然遇刺身亡，年仅二十六岁，尚未得到彻底稳固的江东六郡也随之陷入飘摇不定、岌岌可危的境地之中。孙策的未竟之业的千钧重担交到了十九岁的弟弟孙权手上，孙策在临终前对他说："率领江东的全部士众，在两军对阵之际做出决断，与天下英雄争雄，你不如我；举拔贤良，任用能人，使他们各自尽心尽力来保卫江东，我不如你。"

孙权坐领江东后，在母亲吴太夫人的大力支持下，在以张昭、周瑜为首的文臣武将的尽力辅佐下，内固形势，外扩地盘，孙权用自己的方式书写着属于自己的辉煌历史。

建安八年（203），孙权得知曹操离开西平回军北上，便领着大军，打着为父报仇的旗号，一路杀气腾腾，在沙羡大败黄祖的水军，以迅雷不及掩耳之势攻到了沙羡城下，眼看胜利在望时，却后院起火，传来了山越再度叛乱的消息，威胁到江东根据地的生存。孙权当机立断，放弃了即将到手的胜利果实，回师平定山越。

2

战斗的日子过得特别快。转眼来到了建安十三年（208）春天的一天，天上春雷隆隆，贺齐正在上饶训练士兵徒手搏击，孙权遣人来传令，命贺齐速去富春县见他，说有要事相商。贺齐令士兵继续训练，自己回到县衙对属下进行简单交接，便匆匆赶往富春去了。

孙权一行是几天前从山阴县坐船来到富春县的。此行，孙权马不停蹄地巡视吴郡和会稽郡境内已基本平定山越的县城，指导各县继续做好防御和恢复生产的工作，孙权内心非常清楚，要平息山越、全据长江、一统天下，粮食保障永远是第一位的。借道山阴，是为了祭祀大禹。

到达富春县衙后,孙权就迫不及待地与同行的张昭、吕范、顾雍、虞翻、朱桓等人谈起了山阴的贺齐。

原来有些江北老将对孙权提拔江东本土派将领很不满。他们借用《诗经》来讽刺孙权:"文王曰咨,咨女殷商。匪上帝不时,殷不用旧。虽无老成人,尚有典刑。曾是莫听,大命以倾。"这是西周末年召公抗议周厉王的歌,意思是说,殷的灭亡不能怨上帝,是殷王不用旧臣的缘故。现在有人在孙权耳朵边唱这首歌,讽刺的意味显而易见。但孙权不为所动,坚持重用贺齐,因为他知道,贺齐在整个孙策时代始终没有得到重用的原因就在于此。

孙权发现了这个威镇山越的贺齐,所以他决心重用此人。此前他已经派出程普、韩当、黄盖等老将征伐山越,可是效果并不理想。孙权从而明白,要平定山越,起用熟悉本地地形和风土民俗的本土将领更为合适。然而这些老将自从孙坚时代便已经跟随帐下,资历年龄都足以让他们骄傲。而今孙权居然要舍弃他们,另用本土新人,自然招致了他们的反感。孙权只有耐心地跟老将们解释:"山越只不过是一个次要的战场,征江夏杀黄祖才是主要战场,孤之所以把山越交付给贺齐,是因为江夏之战更需要你们出大力啊!"孙权虽然嘴上这么说,其实心里比谁都清楚:山越战场已经成为决定江东命运的关键之地。

张昭、吕范、顾雍、虞翻、朱桓知道孙权的心思,也明白解决山越问题的重要性,特别是此次陪孙权巡视了平定山越后的会稽郡,感受很深,所以这几人都同意重用贺齐。只是张昭还有些担心地说:"主公!贺齐斩松阳县令丁蕃一事报知大本营,诽谤之言立刻四起,许多人都说:'贺齐杀人,并未禀告主公,是先斩后奏,可见此人胆大妄为,不可不防。'"

谁知孙权闻言一笑置之，坚定地说道："孤已经将山越之事全权委任贺公苗，公苗的意思，就是孤的意思。"

此言一出，就再也没有其他声音了。

意见一致之后，孙权这才请出了早已不问世事的叔父孙静。十多年前，孙静帮助侄儿孙策平定会稽后，孙策上表任命立下首功的叔父为奋武校尉，打算委以重任。但孙静眷恋家乡宗族，怀念故土坟墓，不乐意外出为官，请求留守家乡镇守，孙策同意了他的要求。孙权坐领江东后，就地升任他为昭义中郎将，继续留在老家镇守。孙静大部分时间都住在富春江北岸的种德堂，少部分时间住在南岸的县城里。利用住在县城的时间，与虞翻、范钦前后两任县长齐心协力，筑城自固，做好战时的保障。在家乡，孙静乐善好施，修桥铺路，秉承先父孙钟遗风，继续种德。

孙权见孙静来到，连忙起身前来扶住叔父，让他坐在自己刚坐过的位置上，自己在左侧坐下，望了望略显消瘦的孙静，作揖道："叔父身体可好？愚侄甚是挂念。"

"好好好！叔父这身体还算硬朗，比起你父亲、你伯父，还有你的几个兄弟，叔父已经够幸运了。叔父替你、替孙家留守富春，为死去的人积点德，叔父能做的，也只有这个啦！"孙静说完，拉起衣袖缓缓地擦了擦在眼角泛出的泪花。

孙静的一番话说得全场的人都不禁动容，孙权想起了这么多逝去的亲人，泪水不自觉地顺着脸颊流下来。他拭着泪说："打仗哪能不死人？为江东基业而逝去的将士与亲人，他们都是英雄。等平定了天下，孤要建一个'英雄园'来祭奠他们的英灵，纪念他们的事迹。"

"对！仲谋，永远都不能忘了一起打天下的人！"孙静点点头道，赞许地看着业已长大的孙权。

孙权感激地看着叔父孙静。是啊！叔父镇守家乡，伯父、叔父共七个儿子参与江东大业，且都当上了将军，虽孙辅、孙暠两位堂兄犯了错被孙权软禁了起来。上场父子兵，家族的作用还是大得很。孙权心里想：今后安抚家族、安抚将士的事还得加强不能松懈啊！孙权考虑到大家这段时间马不停蹄、舟车劳顿，便对叔父孙静说道："叔父！此趟愚侄回来，又得叨扰您啦！晚上大家都想喝您酿制的种德堂佳酿！"

孙静也知道孙权他们累了，赶忙说："仲谋啊，是你嘴馋了吧！在江东还有哪个不知道你爱喝酒！叔父我不仅给你们备了好酒，还备了好茶！"

张昭和虞翻见孙静这样说，连忙接道："那敢情好！主公！好酒归您，好茶归我们！"平日子，他俩最不会喝酒，当然也最怕和孙权喝酒。

"不行！到孤老家来，必须喝酒，酒喝不尽兴，家乡父老也不会高兴，哈哈哈！茶嘛，明天喝，孤琢磨着，公苗明天也会到了，大家一起去桑亭埭接他，再去石头山喝茶。"孙权拍着几案高声说道。

"仲谋！你别为难张公他们，只要大家一起开心就好，喝酒喝茶都一样。叔父爱听张公曾说过的一句话：'以茶代酒，天长地久。'"

孙静故意将"天长地久"四个字拖得很长，惹得大家哈哈大笑起来。

3

第二天下午未时时分,贺齐的船从富春江顺流而下到达桑亭埭。贺齐看见孙权亲自来迎接自己,连忙跳下船来,跑过去跪下向孙权请安。孙权一把将贺齐扶起,拍拍他身上的尘土道:"公苗一路辛苦,现在你可是山越的克星啦!"

见孙权如此重待自己,长期以来不被重用的贺齐不由得泪流满面,再次跪下泣道:"能为主公分忧,是贺齐的大幸!"

"来!公苗,快快起来!看看孤的家乡美不美?绿水青山。孤刚去过你的家乡山阴,也很美,群山环绕,古木参天。江东到处绿水青山,咱们得保护好这方水土啊!现在山越添乱,黄祖未除,曹贼虎视,一步也马虎不得啊!"

"是啊!"众人闻言纷纷感叹起来。贺齐见码头的石壁上刻着"桑亭埭"三个大字,再看看周边也没有亭子,觉得很奇怪,便小声说了句:"桑亭有桑却无亭。"不料却被孙权听到了,笑道:"公苗!不仅你好奇,孤也很好奇。孤虽生于本地,但却长在钱塘石人岭,对家乡好多典故地名也不熟悉。对于这个'桑亭埭',还是请叔父您来说说吧。"

"叔父就知道你会问,这地方跟你先父还有个故事呢!"孙静说着,将身后的一老一少两位渔夫打扮的乡民让到了前面,拉着老者的手说,"本来这个故事我也不是很清楚,这两年我在这石头山上修道观,三天两头在这里上岸上山,一来二去和这位桑君兄熟悉了,知道我是破虏将军的亲弟弟,就跟我说了你父亲与此地的故事。今天我把桑君兄和他儿子请来,请他亲口跟大家讲这个故事。"

听孙静介绍完,桑君忙示意儿子跟自己一起跪下,孙权连忙将桑君扶起,说:"老人家,您是孤的父老乡亲,不必多礼,快给孤讲讲先父的故事吧。孤对先父知道得不多,先父遇害的时候,孤毕竟只有十岁。"

桑君见孙权没有架子,态度和蔼,顿时放松了一些,他给大家讲述了一段发生在二十多年前的往事。

原来桑亭埭在石头山东面的入江处,因这段土坝上遍植桑树,尤其是山脚边有一棵特别高大的老桑树,枝繁叶茂,远远望去就像一座亭子,所以叫桑亭,这条土坝就叫桑亭埭。这里是通往江南的一个渡口,原来叫石头山渡,现在孙静在石头山上修筑了道观,大家都改叫石头山为观山,叫这个渡口为观山渡了。这个观山渡是县城东部和江南百姓来往县城的必经之地。老桑树边住着一户农家,男主人依靠在富春江里捕鱼在老桑树下卖鱼为生,大家都亲切地叫他桑君。其夫人采桑养蚕,补贴家用。桑君家里从小养了一条黄狗,每天看着渡口人来人往,见多了陌生人也就习以为常,多年来从不乱吠。

这一天,少年孙坚从种德堂乘船来县城。在观山渡口登岸的时候,慵懒卧眠在老桑树下的大黄狗,突然兴奋地直奔上去围着孙坚摇头摆尾,上蹿下跳地嗯嗯吠叫,相当亲热,就像见到了久别重逢的家人一样。正在修制鱼笼的桑君看到后,对孙坚说:"你真是贵人有异相啊!我家的大黄狗这么多年养下来,见到陌生人从来都不叫,今天看到了你,就这样欢快地叫,日后你一定会飞黄腾达的。"

果然后来，孙坚在去往钱塘的路上智驱海盗、单刀杀贼而走上了仕途。十余年间，孙坚从地方小吏做到代理破虏将军，兼任豫州刺史，官秩俸禄二千石，可谓是飞黄腾达了。孙坚回富春老家休假探亲时，想起了桑君所说的话，就派人先报知桑君。知道桑君喜好放鱼笼捕鱼，还特地为他定制了一副叫九里箪的鱼笼送给他。箪，又名篓，是用竹篾编制的圆形捕鱼工具。九里箪就是加长加大的鱼笼，安放在水里，鱼虾自己游进去后，因为有倒扣，就游不出来了。

听桑君讲完故事，大家又是一阵唏嘘，感叹世事沧桑，物是人非。现在不要说孙坚不在了，连其长子讨逆将军孙策也不在了。还是孙权说得好："老人家，谢谢您给孤讲了先父与家乡的故事，让孤多了一份对家乡的念想。但身为大丈夫，应志在四方，为国出力，以完成逝去亲人与将士的心愿，让人间的生活好起来。"

孙权的话又让众人的情绪高涨，突然桑君跪下道："主公！我这儿子自幼水性惊人，力大无穷，我不想他跟我捕鱼，埋没他一生。请求主公让他去水师效力，也好用他自己的本事去博个前程。"

孙权上前扶起桑君，对他们父子道："桑老，您送子参军，令人感动！孤替全体将士感谢像您一样的江东百姓！能用众人之力，才能无敌于天下。休穆，这事就交给你去办了，把人一定要交到周公瑾将军的手上，就说是孤的亲人，叫他要好生培养。"

桑君父子连忙拜谢，跟着朱桓去了。孙静领着孙权一行人沿着两边长满树木的盘山小径上山，站在山顶的道观外护栏前纵目远眺。只见富春江两岸重峦叠嶂,碧野清江,如锦似绣。此时夕阳渐渐西沉,余晖熔金,晚霞飞彩,归帆点点,犹同画卷。孙静指着右边那座天然的石桥说:"仲谋,那座天然的石桥便是待月桥,每当夏秋良夜,站在那里可以看到一轮明月从东方冉冉升起,银光水色交相辉映,美不胜收。"

孙权虽没有说话,但频频点头。这时虞翻走过来说道:"主公!您看左边这条山岭蜿蜒拱峙,直插富春江中,状如临江俯饮的鹳鸟,成为县城东边的天然壁障。您再看西边那座山形似一头卧躺的鹿,因而叫鹿山,它是县城西南边的屏障。它与这里遥相呼应,拱卫县城。当年,讨逆将军任命我为富春长,我就在鹿山顶建立哨所,设立烽火台,防止山越草寇奸变骚乱。后来,讨逆将军去世,富春县亲戚故旧、大小官吏欲赴吴郡奔丧,我担心邻县山越部族会乘机滋事变乱,所以我们就穿上丧服就地吊祭,据守城池,加强城防。其他各县都仿效我的这种做法,使得奸贼不敢轻举妄动,没有发生变乱,从而维护了地方上的安定。"

孙权听虞翻说完,然后当着众人的面高声说道:"富春是孤老家,上控山越,下通吴会,地势险要,大家要像虞功曹一样守护富春,根基固才能枝叶茂。叔父对老家是有大功的,虞功曹对富春也是有大功的。公苗啊!你对富春也会有大功的!"

贺齐不解,忙道:"说我贺齐平山越有功,人家或许会相信。说我对富春也会有功,我就不明白了。您老家我可是第一次来,莫非主公也要我当富春县长?"

孙权听完哈哈大笑,看着一脸疑惑的贺齐说道:"公苗,你立功的机会又要来了,且只有你先立功,咱们征讨黄祖才能胜券在握。"

贺齐更加云里雾里了。吕范是老实人，忍不住说了句："公苗，主公要你带兵去征黟县和歙县的山越。"

孙权毫不在意吕范嘴快，接着他的话道："对！据可靠情报，黟县贼首陈仆、祖山在林历山集结了二万户，歙县贼首金奇在安勒山集结了一万户，毛甘在乌聊山集结了一万户，两县山越就有四万户在蠢蠢欲动，不解决这四万户山越问题，征讨黄祖就会腹背受敌，后果不堪设想。加上时间紧迫，曹操已平定北方，消灭黄祖之事已不能再拖。公苗，黟、歙山越就全权委托你啦！"

"请主公下令，贺齐愿赴汤蹈火万死不辞！"贺齐拱手。

"好！孤等的就是这句话！孤上表升任你为威武中郎将，再给你兵士五千，加上你自己的部队，明日就向黟、歙集结，征讨山越。"孙权说完，走到贺齐跟前用力地拍了拍他的肩膀。

这时，孙静从观里出来："仲谋，军国大事叔父已无能为力，只能帮你守守家乡，这制茶煮茶，叔父还是帮得上的。大家快里边请，富春佳茗已经煮好啦！"

大家听孙静这么一说，孙权走在最前面，其余的人鱼贯而入，进入屋内的客堂。

贺齐深吸了一口气，不禁赞道："富春佳茗，未饮已闻其芳香扑鼻，名不虚传。"贺齐在军暇之时就爱好雅乐喝酒饮茶。孙权将茶罐从火炉上提起，拿过来亲自将贺齐案子上的碗斟满，贺齐立马欠着身致谢。只见他

新定里（今威坪镇）

双手端碗一闻二尝三下喉，回味许久，方道："富春名茶，果然仙酿！非他茶可比。"

此时，孙权正端茶慢品，笑道："知道公苗好茶，孤已让叔父为你准备了一箱。黟、歙两县也有好茶，公苗！为了黟、歙好茶，你也要征服山越。"

不等贺齐回答，张昭接道："公苗，你要深知这一仗的重要，只有你平定黟、歙山越，主公才能腾出手来做他多年来最想做的事，消灭黄祖，为孙将军报仇！"

贺齐闻言，马上起身拱手应道："主公重托，贺齐决不辱命！"

"好！孤在夏口等你捷报！"此时的孙权，目光如炬。

4

黟、歙山越毗邻孙权的老家富春县，几万户山越在各首领的挑唆下对富春、鄱阳等地虎视眈眈，一触即发，形势万分危急。对于立志立足江东，全据长江，北进中原，一统天下的孙权来说，富春老家是根基，他始终认为：根基固才能枝叶茂。为了确保富春县界的安全，他是绝不能容忍卧榻之侧他人酣睡的，所以他决定对黟、歙的山越下手了。

刚刚被孙权任命为威武中郎将的贺齐，奉命率将士一万五千名征讨黟县和歙县山越。贺齐的威名早已播及江南各处，大军刚进入歙县境内，就有武强、叶乡、东阳、丰浦四乡慑于贺齐的威名先后望风归降。贺齐经验丰富，立即将四乡山越交叉编入军户，对各首领轮换进行封赏，并上表孙权建议分歙县东面的叶乡为始新县①，县治在新定里，即后来的淳安县威坪镇②。其他山越军闻讯立刻退入山地，与贺齐周旋。

歙县叛贼首领金奇率徒众一万户驻扎在安勒山，毛甘率徒众一万户驻扎在乌聊山，黟县叛贼首领陈仆、祖山等率领徒众二万户驻扎在林历山。贺齐经过反复考虑衡量，决定将主攻方向选在林历山。

林历山四周都是悬崖绝壁，高达几十丈，山路险峻狭窄，大军施展不开，也无法携带兵器通过。山越兵居

①今淳安县，这是淳安建县之始。
②在今威坪镇南的水域内。

高临下抛滚木礌石,大军在山下根本无法组织起有效的进攻。征讨大军在山下驻守多日,战况胶着,将士们都很着急。

贺齐亲自出营绕山巡视侦察敌情,重新制定作战方

贺城遗址(今千岛湖上江埠水域)

千岛湖贺庙

案。贺齐认为正面强攻不是好办法,唯有出奇制胜。他吩咐工匠们专门打造一端尖锐的小铁弋,并筛选身手敏捷的士兵,先让他们悄悄隐蔽在山越兵不防备的险要地方,用铁弋在峭壁上凿挖出可以攀援的小径。小径凿好后,贺齐下令百余名士兵借助夜色掩护悄悄攀登上去,再抛下许多绳索接引下面的士兵,得以上去了几百人。上去的士兵四面分散开来埋伏,到了约定的时间一齐擂鼓吹号。同时,贺齐部署好大军在山下等待。

深夜,茂密的深林里带着寒意,疲惫的山越兵睡意正浓,忽闻鼓角之声从四面响起,震耳欲聋。山越兵以为贺齐的大军已经全部上山,惊慌失措,阵脚大乱,来不及穿衣服的、来不及拿兵器的到处都是。那些把守路口和险要之处的山越兵风声鹤唳,不知如何是好,争先恐后地逃回山上大寨。在山下勒兵守候的贺齐立即指挥大军迅速上山,打得陈仆、祖山七零八落,溃不成军。这一仗,贺齐大军共斩敌七千余人,其余山越兵纷纷投降。

林历山一战，贺齐是山越克星的名声更加远扬，威震黟、歙，以至于小孩子在哭闹，只要大人们说一声贺齐来了，就立马不再哭闹。慑于贺齐的威名，金奇、毛甘率众主动归降。至此，黟、歙山越终于平定。从贺齐率军进入黟、歙，到平定两地山越，仅用时二十多天，为孙权等人征伐江夏黄祖赢得了宝贵的时间。

黟、歙两县平定收编后，贺齐再次上表孙权，建议分出歙县南部的武强乡为新定县①，县治在安定里木连村溪北②，再分出歙县部分地区设立犁阳和休阳二县，加上一个月前设立的始新县，连同范围缩小的黟县和歙县，为六个县。孙权接到贺齐的报告后，就把这六个县从丹杨郡中分出来，设立新都郡，任命贺齐为太守，在始新县设置郡府，并加封贺齐为偏将军。新都郡是整个钱塘江流域立郡的开端。

贺齐作为新都郡第一任太守，管辖"一府六邑"。建安十四年（209），贺齐为突出郡府地位，加强与孙权和京口的联系，顺新安江而下，选距古威坪六十里处，更宽广更平坦的新安江畔筑建郡城。因此城为贺齐所筑，人们称之为贺城。贺齐当年就将新都郡郡治迁入贺城，始新县治也随之迁入城东附郭。

---

① 即后来的遂安县，这是遂安县建县之始，1958年淳安县和遂安县合并为新的淳安县。
② 在今汾口镇仙居、下童家坞一带。

亲临临水县

1

建安十六年（211），当余杭县郎稚聚众叛乱的消息传到新都郡时，贺齐已在始新县度过了整整四个年头。新都郡大治，山越老少出山编入民户，抓紧耕地种粮，加上这几年风调雨顺，粮食获得丰收。青壮年编入军队，闲时抓紧操练，四年下来，已得一万余人，加之之前带来的一万余人，共二万余人，新都山里养不了这么多兵，即便是实施军屯，也没有那么多耕地可耕。所以早在两年前，贺齐就挑选了一万余人送往京口，孙权划归蒋钦带领训练。贺齐在抓生产、抓训练之余，最为费心费力的事就是扩城，依照地形山势将贺城不断扩展加固，登上林历山巅鸟瞰贺城，甚是挺峻雄伟。新都的变化，老百姓都看在眼里，为感恩贺齐，郡中家家户户都画其像于堂前，就餐之前先唤一声感恩"贺老爷"的话，然后家人再共同坐下就餐。直到现在，那里的人们谈起历史来，还是会异口同声地尊称贺齐为"贺老爷"。

正当贺齐的"贺老爷"做得风生水起的时候，孙权的军令来了。孙权在军令中让他即刻与郡功曹交接，速率军队前往余杭县平定郎稚的叛乱。孙权在军令中肯定

贺齐像

他领治新都的业绩，称赞他为"国之柱石"，希望他再立新功。

贺齐接令后，不敢怠慢，立即与郡功曹陈谧进行了交接，让他暂代太守之职。交接之后，马上整肃部队出发。不知谁走漏了"贺老爷"要离开始新县的消息，当贺齐带着部众从演兵场出来的时候，驿道两边已站满了黑压压的人群，都是始新县的老百姓，他们夹道静候，箪食壶浆，场面甚是感人。一位须发皆白的老者，在众人的簇扶下，缓缓地走向贺齐的坐骑，拱着手对他道："贺老爷！您这是要去哪儿呀？始新县可少不了您啊！您在，安宁就在！您可不能丢弃咱们呐！"

贺齐闻言，一阵哽咽，望着道两旁神情凝重的人们，立即从马上下来，看到道旁有一个土墩，便扶着老者慢慢走上土墩，这样大家都看得到贺齐，人群就更安静了。

贺齐默默地环视一遍众人，然后大声道："诸位父老乡亲，贺齐也不想走，因为这里有我们共同建设的美丽家园，你们都是我贺齐的亲人。当今天下大乱，主公在赤壁将曹贼赶回北方，但曹贼依旧虎视眈眈。我贺齐谨记主公的嘱托，让我专事平定山越骚乱。乡亲们啊，江东内部稳固，才能让主公专心致力于北抗中原、西进益州的大事。现在，余杭郎稚聚众叛乱，主公令我即刻进驻余杭，剿灭郎稚。新都与始新之事，贺齐都做了妥善安排，请乡亲们放心。山中虽还有少数残留的山越，但只要报我贺齐的名号，相信还是会管用的。如若不管用，我贺齐立马回师剿了他们。请乡亲们放心！"贺齐的一番话说得大家顿时心情轻松起来。

"贺老爷！我们不是不放心，我们是舍不得您走啊！咱们的命是您救的，粮食是您帮咱们种的，您这匆匆一走，咱们拿什么来报答您的大恩大德呀！"站在最前面的几位乡亲不约而同地含着泪说。

贺齐连忙示意大家不要这么说："乡亲们！主公带领我等打天下，就是要让千千万万的老百姓过上好日子。我知道，大部分的山越也和我们一样是好人，只是他们被居心叵测的贼首利用了。只要大家心向着主公，主公一定会给大家带来太平的好日子。贺齐要出征啦！请大家都回吧！我一定会很快回来的。"

"贺老爷您可一定要早些回来。"站在他旁边的老者拭着泪道，"贺老爷有军令在身，大家也不要耽搁了他的行程。这样吧，大家都跪下，给贺老爷磕头吧！"

"这可使不得。"贺齐忙拦着老者下跪,嘴里急道,"乡亲们,贺齐打仗从来不怕,就怕你们这样。千万不能跪,跪了我就生气不回来了。"

大家都知道贺齐的脾气,说一不二,也就此打住没有跪下来。

贺齐见乡亲们给面子,满意地点了点头,高兴地说道:"乡亲们,大家请回吧!兄弟们,部队开拔,出发!"

2

余杭与安吉两县边境高山林立,到石门一带形成山口,两山夹峙,地势奇险。登上石门岭眺望远方,四围层峦叠嶂,每座高山皆气势磅礴,遮天蔽日。岭间的道路蜿蜒曲折,在崇山峻岭之间忽隐忽现。郎稚凭借山势险恶,就在此纠集宗族造反,有数千人之多。

郎稚自幼生活在高山密林之中,爱好武功,演习对阵,崇尚胆略与力气。他爬高山过险路,穿越丛林荆棘,就像鱼儿游深渊、猿猴攀高树一样。在一次次对官府的侵扰中,他渐渐成了这一带的头领。郎稚他们打起仗来蜂拥而上,打败了就像鸟儿一样四散逃窜,官府一直拿他们没办法。

贺齐率军抵达石门之后,就给相邻各县的县令、县长送去公文,以主公孙权的名义要求他们各自保卫自己所管辖的疆界,明确划分建立军事化组织,对服从教化的平民百姓,要将他们聚集在一起居往。又分别安排众将领,布置士兵在深山险阻要地驻扎,只管修筑防御工事,不和郎稚他们交战,等到庄稼将要成熟的时候,就出动军队进行收割,连一粒种子都不留下来。这下可好,山里的居民原有的粮谷已经吃完,新种的田地又无收成,山外的平民百姓都被军事化管理起来,从他们那里也得不到丝毫收入,山民们因饥饿难耐,偷偷地出山投降自首。

贺齐见抓捕郎稚等贼首的时机已成熟,便下令发起进攻。山民哪里还有抵抗的勇气和力气,纷纷不战而降。郎稚等人见大势已去,也扔下武器投降了。

贺齐只将郎稚一人捆绑起来,命人押送京口,交由孙权处置。对于其他投降的山民,贺齐说了这样一番话:"山里的民众若能去掉恶习、服从教化,都应当进行安抚慰问。你们能从深山老林里迁徙到山外面来,我贺齐一个也不会嫌弃怀疑,该编入军队的就编入军队,该编入民户的就编入民户。这样的话,你们就和我们一样了。主公也是这个意思。"

平定郎稚之乱后,贺齐上表孙权请求分出余杭西部边境地区设置临水县①,治所在高陆②。析出的临水县和余杭县同属吴郡。临水县名的由来,是因为贺齐平定郎稚后,见高陆这个地方三面临深谷,峰上有松树、杉树等,叶色翠绿,树冠如盖。峰突兀众壑之间,居高临下,峭壁深渊,形胜险绝。峰前远眺,犹如万马腾云,脚下山峦起伏,林海苍茫,云蒸雾绕,如入仙境一般。因而决定在高陆依岗筑城,城临猷溪水,故名临水。

3

"将军,门外有三位将军求见!"侍卫进来拱着手禀报。

贺齐正在大厅批处公文,闻言头也没抬,回道:"噢,是哪三位将军呀?"

---

① 此为临安县建县之始。西晋太康元年(280),改临水县为临安县。
② 在今杭州市临安区高虹镇。

"他们未报姓名，只说您出去就知道了。"侍卫接道。

贺齐抬起头看了侍卫一眼，微微一笑："谁的来头那么大，竟然还要叫我出去见他们？行！我去见识见识！"

贺齐放下手中公务，随侍卫走了出来，到了门口的台阶上，他愣住了，拍着手道："哎呀！原来是你们仨呀！难怪早上鸟儿叫得欢！今天是什么风把你们三位兄台给吹来了呀！三位兄台公务繁忙，平时请都请不来。今天一来就仨，真是难得呀！"说着，连忙迎下台阶来。

来的三位分别是余杭籍的将军凌统（字公绩），钱塘籍的将军全琮（字子璜），故鄣籍的将军朱然（字义封）。三位都是孙权手下极为器重的干将。连同贺齐，他们四位还有个共同点，就是老家其实离得很近。别看朱然是故鄣籍，因他义父朱治是吴郡太守，所以他从小就生活在吴郡，他还和孙权从小是同学，关系非常好。这样分析一下就清楚啦！贺齐是山阴人，离全琮的老家钱塘很近，全琮离凌统的老家余杭很近，他们仨又离主公孙权的老家富春很近。主公孙权长期在吴郡的郡治吴县，那么又离朱治、朱然很近。总之一句话，他们仨与贺齐的关系很好。他们四个不仅私交好，而且在征伐山越上都有自己的一套，个个都让山越闻风丧胆。

贺齐见他们仨一起来到临水，觉得很奇怪，正想问个究竟，朱然先开口了："公苗兄，你的待客之道，就是让我们兄弟几个站在这里陪你说话吗？"

众人闻言哈哈大笑起来。

"三位仁兄快里面请！义封兄，我太激动了，恕我怠慢了！来人哪！赶紧把好酒好菜给我端上来，快！"说完，贺齐忙不迭地一一拍打了他们的肩膀，便搂着他们几位往里推。

待大家坐定，贺齐举起杯来："来来来！咱四兄弟要连喝三杯酒才能说话。来，先为我们在临水相逢喝一杯！"说完，一昂头就喝完了，朱然、凌统、全琮见此也连忙仰头喝完了。

"这第二杯，为我们主公对咱四兄弟的提携喝一杯！"贺齐说完又一饮而尽，朱然他们仨又跟着喝完。

"这第三杯酒，我们不喝，敬我们逝去的周大都督和太史子义将军一杯！"贺齐说完拿着酒盏站了起来，朱然、凌统、全琮拿着酒盏跟着站了起来，向着京口方向深深地鞠了一躬，并将酒盏中的酒洒在地上。此时，他们神情肃穆，许久没有说话。

还是朱然先开了口："诸位，人死不能复生。我们现在要做的就是像大都督火烧赤壁那样，干一番惊天动地的事业，来报答主公对我等的知遇之恩。"

"对！"凌统接道，"太史子义将军在临死前遗言：'大丈夫在世，当提七尺剑，以登天子之阶。今所志未从，奈何而死乎！'"

全琮捏紧了拳头，慨然道："我等都对孙家有着特殊的感情，我与公绩兄两家都是从父辈起就追随先将军和现在的主公。相信每一位江东将领都会像子义将军那样怀着强烈的感情为主公抛头颅洒热血而在所不辞。"

全琮说出了大家想说的话，大家把酒斟满，然后一

亲临临水县

孙策大战太史慈

仰头喝了下去。一番感慨之后,四个人又重新落座。贺齐显然像是想起了什么似的,一拍脑门,指着他们三位道:"今天总感觉哪里不对劲。前面一高兴我倒是忘问了,现在我问三位兄台,今天齐刷刷地来到临水,所为何事?"

"公苗兄,这就是你的不对喽!没事就不能来吗?"朱然说着故意竖起了眉毛。

贺齐知道朱然在故作生气,对着凌统说:"公绩兄,平时数你最实在。我问你,你们仨来,是不是有什么大事要发生?"

凌统看了下朱然、全琮,然后放下酒盏,一字一句地说道:"是有正事,而且是天大的正事,主公要来巡视临水,并为公苗兄你庆功!公苗兄你此次平定郎稚,请设临水县,主公闻报非常高兴!自从去年大都督病逝之后,主公始终郁郁寡欢提不起劲来,此次闻你既平山越又置新县,所以决定出来散散心。让我们仨先来临水打前哨,协助你做好准备。"

原来是这么回事。贺齐闻讯激动万分,眼泪都涌出来了,嘴里喃喃道:"主公!您对贺齐的知遇之恩,贺齐就是粉身碎骨肝脑涂地,也报答不尽啊!"

4

孙权此次亲临临水县为贺齐庆功,阵容强大,除了接替周瑜领兵驻守陆口的鲁肃和替主公值守京口的顾雍之外,其余能来的都来了。

孙权此次出巡还有一个目的,就是按照周瑜生前"得蜀而并张鲁"的建议,谋划攻取益州。孙权在京口一直无法从痛失周瑜的悲伤中走出来,也无法对有些重大问题进行深刻思考,所以他要出来走一走,用一点喜气冲淡悲伤,换一个地方思考问题。贺齐与临水县刚好满足了孙权的这两点,所以他就来了。

在孙权到达临水县之前,贺齐、凌统、全琮做了大量的准备工作,他们仨对举办庆功宴的县衙大堂进行了改造与装饰。在堂前的八条屏风上装裱了朱然从京口带来的曹不兴的名画《周郎听琴图》。在大厅外的回廊前种上了一排翠竹,天井风来,竹随风动,影随竹舞,掩映白墙黛瓦之间,别有一番韵味。此次安保工作主要由朱然负责,因为他曾经带领过无难军,长期在孙权身边负责安保工作。

在一阵歌舞乐曲之后,庆功宴正式开始。只见孙权先回过身来,端详了身后的《周郎听琴图》很久。图中的周郎英气逼人、风流倜傥,微闭双眸静坐在一棵苍松之下,旁边的草地上,八位乐舞女伶正伴着琴声在翩翩起舞。抚琴的女子正背对着乐舞的女伶。孙权知道,周瑜有"曲有误,周郎顾"的美誉,只要演奏者稍有失误,一定瞒不过他的耳朵。

孙权睹画思人,神情悲戚地对济济一堂的江东文武说道:"建安十三年(208),孤用大都督在赤壁大败曹操,使得曹操退回北方,一时无力再南下。次年,大都督又赶跑曹仁,拿下江陵。去年,大都督病逝巴丘后,孤又在子敬的坚持下,将荆州治所南郡借给了刘备,曹操闻讯惊得连笔都掉在地上。去年,孤以步骘为交州刺史。苍梧太守吴巨被斩,江东声威大震。交趾太守士燮归附,从此五岭以南尽归江东。不久前,荆州来报,刘备欲图益州,'得蜀而并张鲁'是大都督生前定下的,所以现在'收回荆州'与'越荆取蜀'都是摆在孤面前亟待解

梦回钱塘的孙权

HANG ZHOU

周瑜假死灭曹仁

决的难题。哎，公苗！这赤壁大胜也有你的一份功劳啊！"孙权说到这，话锋一转，说起贺齐来了。

贺齐连忙站起身来，欠身拱手道："主公！末将连参加赤壁大战的机会都没有，何来什么功劳？"

孙权看着有些尴尬疑惑的贺齐，心情顿时好了起来："公苗啊！没有你在黟、歙征伐山越时的速战速决，孤哪能安心地去征杀黄祖，又如何去应付曹操的南下？几年前你建新都郡，现在又平定郎稚之乱，新建临水县，江东内部稳定，特别是在山越问题上，你是立首功的。当然子明、子璜、公绩、义封等人平定山越的功劳也不能忘记。张公多次对孤说你是'国之柱石'，说出了孤的心声。公苗，你是一个百年不遇的将才，孤将你调来调去征伐山越，没给你机会直接与曹、刘征战，实在是埋没委屈你啦！前几日，孤特意书写了一幅'国之柱石'，公苗看看，是否喜欢？"

贺齐在众人惊羡的目光中接过这幅字，帛上的四个大字，笔笔精到，字字遒劲。贺齐含着泪连声感谢。

孙权环视了一下众人后，站起身来大声说道："十年前，子敬就对孤说过，'汉室不可能复兴，曹操也不可能一下子被消灭。我们可以趁北方还没安定，消灭黄祖，进攻长江中游的刘表，将地盘一直扩大到长江上游，进而统一天下'。一直到昨天，孤都将子敬的话视为秘密，孤今天把它说出来，说明孤始终以一统天下为己任。公苗啊！孤一统天下之后，要将四方贡物，珍禽异兽，舞乐欢歌，全都赐给你！"

一直站立着的贺齐又连忙谦逊地推辞道："主公！您英明神武进取天下，末将能有幸参与其中，能效犬马之劳，已是心满意足。比起主公对末将的恩宠，末将就是肝脑涂地犹不能报也，哪还敢要什么赏赐？"

孙权听了很高兴，在酒过三巡之后，带着大家走到县衙大门口。他要赏赐贺齐带有帷幔的贵重轺车，并走过去亲自扶住车驾，让贺齐上车。贺齐坚辞不敢，孙权就吩咐左右搀扶他上车，命令官吏步卒骑兵前面导引，如同贺齐在自己郡内的仪仗一样。

孙权看着这情景笑着对大家说："人啊，应当努力，如果不是长期勤于职守、累建功劳，是得不到这样的殊荣的。"

贺齐在仪仗的簇拥下坐车行驶了一百多步才回来。孙权不仅赏赐轺车，还当着众人的面赏赐他骏马，这种赏赐是很难得到的，充分体现出孙权对贺齐的器重和宠爱。

仲翔乃国贤

1

汉献帝建安二十年（215）春。

富春县和江东的其他县一样，迎来了一年四季中最美的时节。草长莺飞，山花竞放，到处弥漫着泥土的味道和花草的芳香。在富春江两岸，栉比鳞次青青绿绿的连绵群山中，镶嵌着众多白墙黛瓦的房子，春天到了，大多数房子掩映在桃红柳绿之中。

这些年，瓜江两边的房子已经变得密密麻麻了，老房子大多进行了改造，横七竖八、没有规划的平房基本看不到了，取而代之的是一排排整齐划一的四合院式的大房子，白墙黛瓦，门楼高大。院墙角边，竹影摇曳，高大一点的树枝早已伸出了墙外。现在的瓜桥埠比起孙钟在世的那会儿，已发生了天翻地覆的变化。

种德堂的变化也很大。原先二进的小院已拓展成了三进，门楼变得又宽又大，门头匾额上的"种德堂"三个字是张昭的手笔，东西两侧加了不少房子，院内的花草树木比原先丰富，整个种德堂的布局也比原先更具有层次感。

第三进左侧的大房子里灯火通明,有一位须发皆白的老者斜靠在一张大榻上,微闭双目,气若游丝。榻前跪着一大帮人,个个低着头,神情悲戚,有几位女眷不时用手巾擦拭着涌出的泪水。还有几位长者由仆人陪着坐在外间的大榻上,摇着头,不时发出叹息声。

病榻上的这位老者是孙权的叔父孙静,也是孙坚最小的弟弟。他出生于汉桓帝延熹四年(161),字幼台。孙坚开始起兵举事的时候,孙静聚集乡邻及同族子弟五六百人作为后备保障,输送人员,保卫家乡,大家都服从他,拥护他。后来,侄儿孙策渡江转战,打败了刘繇,平定各县,于建安元年(196)进占钱塘,准备渡江进攻会稽。孙策派人到富春老家去请叔父孙静,孙静带着家兵到钱塘与孙策相见。这时会稽太守王朗在固陵①抵御孙策,孙策多次渡江与他作战,都不能取胜。孙静对孙策说:"王朗倚仗险阻据城而守,我军很难在短时间内将其打败。我知道从这里往南几十里外有个叫查渎②的地方,是通往会稽③的重要通道,我们应该从这个地方进入敌方境内,那正是老祖宗孙武子所讲的'攻其无备,出其不意',叔父愿意亲自率领一支人马作为先头部队,一定能攻克城防,打败敌人。"孙策说:"好!"于是在军队中下了一道假命令:"近来连日下雨,饮水浑浊不清,兵士们饮用这种水后大都出现了肚子疼等症状,我命令立刻找几百只瓮和罐,用来澄清饮水。"到天快黑尽时,将收集的瓮和罐排列起来,燃起篝火,表明大军仍在此宿营以欺骗王朗,暗中则派遣出一支部队,由孙静率领,连夜迂回查渎,袭击高迁屯④。王朗闻讯大惊,匆忙派遣曾担任过丹杨太守的周昕等人领兵前去迎战,被孙静打败,周昕也被斩首,固陵城防不攻自破。

①今萧山湘湖城山。
②今萧山西南。
③今绍兴。
④今杭州市萧山区高迁桥。

孙策率领大军平定会稽，自任会稽太守，并上表朝廷，请求任命孙静为奋武校尉，想对叔父委以重任。但孙静则眷恋富春老家的这方土地、族人及祖坟，不愿出来做官，请求留下镇守家乡。孙策同意了他的要求。建安五年（200），孙权继任执掌江东大局后，派人前去就地任命他为昭义中郎将。

孙静在家乡乐善好施，修桥铺路，一生做了好事一大堆，说也说不完：大到在县城加固城墙，保一方平安；小到在城东石头山上修建道观，弘扬道法，所以石头山又称观山，后来才叫鹳山。

孙静有五个儿子：孙暠、孙瑜、孙皎、孙奂和孙谦。除了孙暠被孙权软禁外，其余四个儿子都官至将军。十多年来，孙暠的事，包括这个名字，家里人从来不在孙静耳边提起，以免他烦心。大儿子孙暠回不来，孙静心里是很清楚的。老爷子已到了弥留之际，二儿子孙瑜还不见回来，又是怎么一回事呢？其实孙瑜早在数月前就在丹杨因病去世了，年仅三十九岁。但考虑到孙静病重，加上又是白发人送黑发人，大家都瞒着老爷子，谁也不敢说出实情，所以灵柩也暂厝丹杨没有送回来。

坐在榻沿的是老夫人陈氏，她虽比孙静小两岁，但也早已满脸皱纹，头发花白。只见她一手抚摸着孙静的胸口，一手用手巾拭着眼泪，嘴里用沙哑的声音说道："老爷！您看啊！除了暠儿，皎儿、奂儿、谦儿都从四面八方赶回来啦！"

孙静缓缓地睁开眼，扫视了一下榻前跪着的人，先是嘴唇动了几下，喉结上下动了动，许久才说出话来："瑜儿呢？瑜儿怎么没回来？老夫都快死了，孙权扣着我的暠儿也就算了，干吗在这个时候还要扣着我的瑜儿，不让他来见我！"

陈氏拭了一把泪，然后用双手轻轻地摸着老爷子的胸口，尽量舒缓他的情绪，用沙哑的声音故作轻松地说道："瑜儿恐还在路上，他肯定是被什么重要的事情给耽搁了。"

"别骗我了！皎儿、奂儿、谦儿从夏口、江夏、沙羡都赶回来了，瑜儿在丹杨，反而会比他们慢？你们都当我傻吗？"孙静说完，剧烈地咳嗽起来。

陈氏拼命将他抱住，用手不停地敲他的后背。三个儿子见状慌忙爬到病榻前央求父亲保重，儿媳、孙辈顿时"呜呜呜"地哭开了。

好一会儿，孙静才止住了咳嗽，头歪在靠垫上，突然间气色好了很多，脸上似乎都有了红晕，陈氏心里却"咯噔"一下。她知道，老头子回光返照了。

孙静挣扎着将身子坐直，喃喃道："大哥，我对不住您啊！我没有管教好您的辅儿。二哥，我也没有保护好策儿啊！我那个暠儿，真伤我心哪！现在连瑜儿都犯了错，爹连见他一面的机会都没有了。瑜儿，爹多么想听你诵读《春秋》啊！"

二儿媳徐氏听到这里，实在憋不住了，"哇"的一声大哭起来："爹！您别说了，仲异他那么优秀，怎么可能犯错呢？仲异他不能来探望爹，只是……只是他在前几个月就去世了！"说完搂着身边的几个孩子悲痛欲绝地大哭，几个孩子也跟着大哭起来。

孙静一听孙瑜已死，悲从中来，"啊"的一声，一口气上不来，便气绝身亡，连一句遗言也没留下。

2

孙静去世的时候，孙权正在新都建业。建业原来叫秣陵，大家都说秣陵好，连刘备、诸葛亮来京口时也说秣陵好，适合建都。京口之前，孙权的治所在吴县。在建安十六年（211）秋，孙权还真的把行政中心从京口搬到了秣陵，不过搬来时把秣陵改成了建业，取在此"建功之业"之意。在不到五年的时间里，孙权不仅修筑了牢固的石头城，用来储备粮食与军用物资，而且还将原先的秣陵小县城发展成了颇具规模的大城市。汉代几百年来在江东所谓的大城市只有吴郡郡治吴县一城而已，但孙权在坐领江东后短短十五年内就发展了两个大城市：一个京口，一个就是现在的建业。

孙权在新建的宫殿中大摆宴席，除犒赏在建业的文武为修筑石头城和官邸付出的辛劳之外，还有一层用意，就是为诸葛瑾饯行。孙权鉴于刘备已占领益州，所以他以诸葛瑾为特使，专程前往成都向刘备索还所借的南郡等地。"南郡问题"是赤壁之战的产物。孙权的本意是借南郡让刘备与曹操直接对阵。刘备借南郡的真实用意是阻止周瑜进取益州，从而实现诸葛亮"跨有荆、益"的军事构想。孙权认为刘备在赤壁之战前有倾覆之危，大破曹军，江东出力最多，得利最少，后来连南郡都借了，现在的刘备跨有荆、益，却赖着南郡不还。所以南郡问题错综复杂。诸葛瑾深知这个差事不好办，所以也没有心思喝酒，提早向孙权告退，做出行的准备去了。

孙权举起酒盏继续向大家敬酒，众人看到主公都举起盏来了，都纷纷将酒盏高举过头，异口同声地喊一声：

"谢主公！"酒过三巡之后，轮到每个人向孙权敬酒，会喝的斟满一盏敬好后喝完没事，轻松！不会喝的满满一盏实在喝不下，不斟满吧，又恐对主公不敬，只能硬着头皮喝，痛苦！排在首位的老臣张昭拿着酒盏刚想站起来，只见吴郡太守朱治急匆匆地小步跑进来，径自走到孙权身边，在孙权的耳边小声地说了几句。孙权边听边放下酒盏，脸上笑容也没有了，表情肃穆，许久才回过神来，向着神态各异的众人挥了挥手，慢声说道："今天的宴会到此结束，诸位散了吧！"

众人巴不得孙权说这句话，其实大家心里都很怕跟他喝酒，因为孙权每一次喝酒都要求大家不醉不归，醉倒为止。所以酒量好的还好应付，酒量差的每次都喝得七荤八素、横七竖八，待宴会结束都需要人搀扶回去，回去之后难受得要命。现在听孙权这么说，众人赶快拱手道："属下告退！"心情是轻松了，但大家见主公的表情好像不对，感觉有什么大事发生。

正当大家纷纷退出的时候，只听得孙权又说道："请仲翔先生留下！"仲翔是虞翻的字，虞翻是会稽郡余姚县人，堪称江东的大学者。祖上五代都研究《易经》，受家学熏陶，经学的造诣高深，又兼通医术，尤其精通《易》学，擅长卜卦。虞翻性格耿直，喜欢直言进谏，但不喜欢喝酒，每次宴会结束逃得比谁都快。这不，他又走在了最前面，听到孙权在喊他，他无可奈何地停下脚步，转身向孙权走去。

3

待议事厅的人都走完后，孙权让侍从们也都退下。偌大的一个议事厅只剩下他和朱治、虞翻三个人。孙权坐着没动，示意他俩一边一个坐下。虞翻向来性子急，

虞翻像

没等孙权开口,急切地问道:"主公!君理兄!有何事那么紧张?"

还是朱治先开口:"仲翔!主公留你下来的意思我明白,你曾经担任过主公家乡的富春长。我告诉你吧!长期镇守家乡的主公叔父幼台公过世了!"

朱治的一句讣告,让虞翻顿时泪水夺眶而出,他只比孙静小几岁,两人二十年前随孙策平定江东的情形立刻浮现在眼前,感觉就像昨天发生的一样。

那是建安元年(196)七月,孙策、孙静率军攻打会稽郡，虞翻虽担任王朗的郡功曹，但此时他正遭父丧，在家守孝。得知消息后，他穿着丧服就急忙赶到太守府邸，脱掉丧服进府面见王朗，劝说王朗不要硬打，力不能拒不如暂避锋芒。王朗没有接受虞翻的建议，集兵迎战，结果落得大败，逃亡到海上。虞翻追随王朗，服侍左右。败退到东部侯官①，侯官县长紧闭城门，拒不接纳王朗进城。虞翻只身一人前往城内，说服守将，王朗才得以进城避难。等一切安顿就绪，王朗对虞翻说："你家里还有老母亲，你可以回去了。"

虞翻返回老家，孙策命人送一封信，信中说："虞先生，眼前的大事，当与您一起共同商讨，别认为我孙策是把您当郡吏来看待的。"孙策与叔父孙静又亲自到虞翻的家中去拜访，用朋友交往的礼节来待他。这让虞翻很是感动，便答应出来辅佐孙策。孙策仍任用他为郡功曹。

孙策率兵征战，勇冠三军，常常身先士卒，像他父亲孙坚那样冲锋在前，也喜欢骑马驰骋，射猎争逐。虞翻认为打仗、射猎都是很危险的事，他劝谏道："主公！您指挥乌合之众，驱使散兵游勇，都能让他们为您出死力，在这一点上即使汉高帝也比不了。但是主公您随意轻出，使随从官员来不及整队跟从，这样是很危险的。你经常这样轻装简从，微服出行，官兵们就会感到压力很大。为人君主的人，如果自身不持重，就没有威严，所以白龙化为鱼出来游玩，就会被渔夫豫且刺伤了眼睛。白帝之子化为蛇跑出来，结果被刘邦杀死。希望主公今后能够多加留意，万不可单骑逐敌，这可是个可能致命的坏习惯。"

孙策听了虞翻的劝谏，表示赞同："虞先生说得很有道理。我是因为春秋时期裨谌到野外才能思考国家大事，所以才会忍不住外出走走。"虞翻的忠告，孙策听

①今福建侯官。

是听明白了，但他没有足够重视。

孙策对虞翻十分信赖器重，在江东战事趋于缓和的时候，就任命他担任自己老家富春县的县长。富春县作为孙策的老家，治理和护卫孙策的祖地，事关重大。虞翻到任后，与孙静相互配合，一边进行加固城墙、修桥铺路、修葺村寨等基础设施，一边积极发动百姓进行农业生产，不让田间地头有荒芜的地方。孙静和虞翻始终坚持一个信念：百姓的日子过好了，为官才有意义。几年下来，富春县的面貌焕然一新，孙静、虞翻都在百姓当中赢得了极好的口碑，百姓交口称赞孙静这位地方保护神、虞翻这位好父母官。

正当两位想继续在富春大干一场的时候，却传来孙策遇袭身亡的噩耗。两个人感觉天都要塌了，在县衙里旁若无人地大哭了一场。

孙策的突然去世，对孙权、对各文臣武将、对各县县令长来说，都是一段特别煎熬的日子。各县县令长都准备离开任所去参加丧礼。虞翻却对他们说："我担心邻县山越部族或许会滋事变乱，我们都远离城郭，必然会招致意外不测。"因此他留了下来，穿上丧服守丧吊祭，据守城池，加强城防。各县都仿效虞翻的这种做法，使得山越不敢轻举妄动，没有发生变乱，从而维护了地方上的安定。

虞翻正说着，没想到孙权竟然伤心地哭了起来："为了这江东，爹走了，哥走了，弟走了，娘也走了，孤早已成了孤家寡人。想到这，孤拘禁孙暠、孙辅于东部是对的，一个意图抢班夺权，一个决意搞政变废黜孤。但又想着孙暠这样的下场，会让叔父死不瞑目；孙辅这样的下场，孤又怎么对得起早死的伯父伯母和忠心为江东打江山的堂兄伯阳。"

孙权说到这,抹了下泪水,站起来:"朱先生,叔父过世,孤再大也大不过他是孤的亲叔父,他们怎么不立即告诉孤呢?"

朱治坦然道:"主公!还不是因为孙暠是罪臣,犯下了不可饶恕的罪行,您叔父一家才一直忍着,耻于向您开口说罢了。"

"朱先生!辛苦您即刻启程去东部,释放孙暠和孙辅,带他们去种德堂,送送孤那可怜的叔父。此次丧事办毕,就把他俩留在种德堂吧!"

"是!主公!主公宽宏大度,实乃孙家之福啊!"朱治拱手道。

"虞先生,您也去准备下,明天随孤的船队去富春老家,为叔父送葬!"孙权说完,头也不回地朝内厅走去。

"是!主公!"虞翻高声回道。

4

在富春江的南岸,靠近严子陵钓台的那一段突兀起几排群山,地险山高而且相互穿插着,中央的一座孤峰傲然屹立,不但没有和其他山峰相互缠绕,而且还有自己特别的气质形状,山脉奇变,气势非凡。左侧有群峰簇拥,宛如千帆竞渡。右边却有一斜峰飘飘然有欲升之势,状似嫦娥奔月。这块主峰便是孙权的太祖母、祖父母的下葬之地。起先这里叫乌石山,距离种德堂大约二十里,路险峰高。孙钟种瓜养母,以孝闻名天下,以至他葬母

白鹤峰（今天子岗）

的故事依托孙坚父子的发迹越传越玄，有传说孙钟葬母时得到几路神仙身化白鹤抬其母的灵柩上山安葬。孙母安葬之后，乌石山的石头也不突兀发黑了，而是满山树木葱郁，十分秀丽，今人便改山名为白鹤峰。等到孙权在武昌称帝后，乡人又将白鹤峰改称为天子岗。

　　白鹤峰左右诸峰环抱一块开阔之地，数里之外还有一条条长长的沙洲。这里也有故事。相传孙坚被征召为郡吏前去上任时，乡亲们十里相送，送到沙洲上，为他饯行。父老乡亲举起酒盏对他说："家乡有这长长的沙洲，天下有长沙郡。祝你日后也能当上长沙太守吧！"后来果然应验了父老之言，孙坚不仅当上了长沙太守，还领豫州刺史，行破虏将军，被封为乌程侯。乡人就把这块沙洲称为孙洲，待到孙权武昌称帝之后，又改名为王洲，一直叫到今天。

孙静的墓地选在了白鹤峰，这是孙权亲定的。孙权认为，伯父圣台公夫妇葬在阳平台，自己的父母亲葬在曲阿，那么叔父就葬在白鹤峰陪伴先祖吧！既然是孙权的决定，大家就都没意见。孙权一行经过多日的航行，终于在富春江南岸的瓜桥埠口上岸，到达富春种德堂。吴郡太守朱治携各县县令长在埠头恭候迎接。按照孙权的日程安排，孙静的葬礼就选在了孙权一行到富春种德堂后的第三天正午举行。因孙权在执掌江东后升镇守家乡的叔父孙静为昭义中郎将，所以民间称这场葬礼为昭义中郎将葬礼。

　　第三天清晨，白鹤峰下就聚集了不少乡民，他们都想一睹讨虏将军、吴侯孙权的风采。负责此次葬礼安保的偏将军朱然，担心有山越民混迹当中，所以对沿途乡民进行了严格的盘查。

　　葬礼在白鹤峰麓隆重举行。白鹤峰山高峰险，巨石嶙峋，众山环绕，站在山腰以上的位置再眺望远方就会有一览众山小的感觉。长长的送葬队伍在白鹤峰上兜兜转转，上上下下将近两个时辰，才到了孙静下葬的位置。

　　新筑墓茔前立着高大的墓碑，墓碑上"汉故昭义中郎将孙公之墓"十一个大字由朱治书写。葬礼也由朱治主持，孙权身穿孝服为叔父孙静主祭，孙静的四个儿子孙暠、孙皎、孙奂、孙谦陪祭。等孙静的棺椁下葬之时，亲人们的哭喊声霎时惊天动地。

　　孙静下葬之后，众人分列两旁，孙权抚碑肃立，久久没有说话。朱治怕他伤心过度，过来轻轻地禀告说："主公！请节哀！人死不能复生，您亲自来家乡为您叔父守孝送葬，幼台公应当含笑九泉了！"

众人忙附和道:"是啊!主公!请节哀!"

孙权缓缓地转过身来,看了看披麻戴孝的众人,若有所思道:"每每亲人离世,对孤来说都是一种煎熬。想当年相隔九年,父兄先后惨死在敌人的乱箭之下,后来三弟叔弼也死于叛贼的乱刀之下。现在,母亲死了!小弟季佐也死了!好好的一家人仅孤独存,现在的孤真是孤家寡人啊!伯阳兄①,你父母虽然去世很早,伯升兄②,你父亲虽然现在也已去世,但伯父叔父都是善终!这一点能跟孤比吗?孤的父亲兄弟都死于非命!但孤能跟天下的百姓比吗?当今乱世,豪强争战,亲人流离失所,白骨露野千里。真的百里无遗一,从黄巾之乱起的天下四千万同胞,现在仅存其一。孤知道,打仗之苦莫过于百姓。死去的千万万人中,十有八九都是百姓啊!孙家鼎足江东,不惜与曹操一战,为的就是保护江东的百姓,保住江东百姓的命啊!父亲惨死时孤只有十岁,二十四年过去了,今年孤也已三十四岁啦,见过的生死何止万千啊!要想少死亲人与百姓,孙家就必须团结,全军将士就要上下一条心,全据长江所有,择时进取中原,一统天下,解救万民才有希望!"孙权熟读典籍,加上本身就是锦心绣口,一番话说得慷慨激昂。

众人振臂高呼之时,孙暠、孙辅把头埋得更低了。

5

夜晚的种德堂,在山影江声的映衬下,显得特别静谧。今天的种德堂在孙静几十年的操持下,不仅规模大了几倍,楼台轩榭多了许多,而且堂前还建起了水塘。水塘四周也是阡陌交通,亭子林立,鲜花绽放,竹子摇曳,白日里是一道美丽的风景线,夜晚也成了乡民散步乘风的好去处。

---

①指孙权伯父孙羌的长子孙贲,字伯阳。
②指孙权叔父孙静的长子孙暠,字伯升。

此刻的种德堂内灯火通明，特别是前厅左侧的祭祀堂内更是人头攒动，由孙权主持的一场孙家祭祖仪式马上就要进行。正西方一个巨大的神龛上，分若干排排列着孙家历代主要的神位，最高最大的数孙书公、孙武公、孙明公、孙膑公字号的神位，临近龛口的第四排上分别放着孙国公、孙耽公和孙钟公字号的神位，接下来摆放的是孙羌①、孙坚②和孙静③三位父辈的神位，孙策、孙瑜、孙翊、孙匡的神位也放上去了。大大小小、高高低低、新新旧旧几十块神位端放在神龛内，龛前的香案上摆满了祭品，香案两边有巨型蜡烛在熊熊燃烧，中间香炉内还留有孙权的婶母陈氏祭祀时插上的三炷点燃的清香。

因为是孙权主祭，三家的后人晚饭一下肚都匆匆来了。孙贲夫妇带了儿子孙邻和孙子孙苗、孙旅进来。孙辅没带妻子，只带了孙兴、孙昭、孙伟三个儿子进来。孙权的两个儿子孙登和孙休由徐夫人带着进来。徐夫人是本地人，前天还抽空回家里去看了看。孙暠也没带妻子，带了孙绰、孙超、孙恭三个儿子进来。孙瑜的三个儿子孙弥、孙熙、孙耀由徐氏带着进来。孙皎夫妻带着儿子孙胤、孙晞进来。孙奂夫妻带着儿子孙承、孙壹进来。孙谦还未成家，独自一人抱着孙壹站在孙奂的边上。祭祀的时辰快到时，孙权在朱治、虞翻、朱然的陪同下进入祭祀堂。

孙权自小长得方颐大口，目有精光，不怒自威，加上执掌江东十五年的历练，再加上与曹操、刘备等各方都要打交道，特别是处理孙辅、孙暠之后，在家族中已形成了至高的声望，大家甚至有些惧怕他。孙权见大家都到齐，示意侍从给大家都拿上已点燃的三炷清香，自己接过三炷粗而长的清香，面朝祖宗神位深深地躬了三躬后，带头将香插入香炉内。然后走回原位，双手合十对着祖宗神位说道："请祖宗与父兄保佑孙家，平安健康；

① 字圣台。
② 字文台。
③ 字幼台。

保佑江东，风调雨顺！"

祭祀完毕，孙权转过身来，朝着大家说道："明日，孤就要带着侄儿们回建业了，伯阳兄和叔朗、季明你们几个也要尽快返回驻地。"

"是！"孙贲、孙皎、孙奂连忙拱手道。

至此，大家都认为祭祀仪式马上要结束了。谁知此时，孙权却看着孙辅、孙暠，突然提高嗓门说道："俗话说得好：'不是一家人，不进一家门。'今天既然是孙家祭祀，有些话有些事在祖宗的见证下说清楚、道明白，孤看对孙家是有好处的。江东百姓供养江东将士，江东将士帮咱孙家打天下，咱孙家就绝不能内讧，自乱阵脚，自取灭亡，不然咱孙家就对不起全体江东将士和江东百姓！"说着说着，孙权一下子就激动了起来。

孙权走过来，把虞翻拉到刚才他站的位置上，然后说道："虞先生大家都熟悉吧！担任过咱富春县的县长，大哥在世的时候就对虞先生的忠诚和才学非常倚重。虞先生为咱江东的兴起殚精竭虑，孤常誉他为国之周舍。对国仪兄、伯升兄的处置，虞翻是孤身边少数几位参与知晓此事的人。现在孤请虞先生在孙家列祖列宗的神位前，当着孤这么多子侄的面，再给大家好好讲一讲两位堂兄的故事。大家不仅要认真听，而且还要给孤记住，今后绝不能做有辱家族的事。今天孤给全族立下规矩，若做了对不起家族的事，这样的孙氏子孙将从族籍中除名。"

孙权此言一出，在场的孙氏子孙全都跪下，孙贲带头拱手道："主公英明，作为长兄，贲没有管教好国仪，心中有愧啊！"

孙权用双手扶起孙贲，但没有说话，而是示意虞翻开始讲。虞翻朝孙氏祖宗牌位深深一拜，然后一字一句高声讲起了孙氏家庭在孙坚、孙策时期同心协力打天下，到了孙权当政的初期本家亲戚内斗的两个故事。

原来，孙权伯父的另外一个儿子，也就是孙贲的弟弟孙辅，在孙策死后，看不起年轻的孙权，认为他不能保住江东，便派人给曹操送信，想暗通曹操，意图自己掌握江东。不料，信却落入了孙权之手。孙权会同张昭、虞翻等人很快控制住了孙辅。但孙权念及孙辅是家族成员，先前追随孙策夺取江东立下战功，所以没有杀他，只是将他软禁在东部。

虞翻讲完孙辅的事后，所有人大气不敢出，孙辅伏在地上，连头也不敢抬起来。孙权还是没有说话，示意虞翻继续讲下去。

孙权叔父孙静的大儿子孙暠，以定武中郎将屯居乌程。在孙策死后，他也认为孙权年轻，不甘心听命于孙权。于是率领军队来到会稽郡城外，意图抢班夺权。幸亏虞翻沉着冷静，一边组织军民坚守，一边派人通知孙权，一边又送信告谕孙暠。孙暠接到虞翻有礼有节、不卑不亢的信后，知道自己的阴谋难以得逞，权衡利弊，主动撤回驻地。由于孙暠的此次行动最后悬崖勒马，没有造成叛乱的事实，又由于孙暠是叔父孙静的长子，孙权就网开一面，没有追究孙暠的罪责，也只是将他软禁在了东部。

虞翻讲完孙暠的故事后，祭祀堂里就更安静了，孙暠伏在地上不住地抽搐。

这时候，孙权终于发话了："孤此举看似不近人情，

甘宁像

但实则为每一位孙氏子弟敲响了警钟。人心齐则孙氏兴，孙氏兴则江东安。伯升兄、国仪兄，你们都起来吧！知错能改就好，孤是不会跟两位哥哥计较的。孙氏宗族里每一位战将不存私心，对江东其他将士也绝不能专横跋扈、有半点特权。叔朗，你来说说与兴霸将军的事吧！"

"是！主公！"孙皎马上出列，拱手向大家讲述了去年在夏口发生的一件事。

原来，孙皎曾因一些小事与甘宁发生争吵，有人劝甘宁让步，甘宁却说："作为江东的将士应一视同仁，他征虏将军虽是孙氏族亲，怎么可以独断专行、欺侮别人呢？我有幸遇到英明的主公，只想着为江东尽忠效命，以此报答主公，决不能随波逐流、委曲求全。"孙权听说了这件事，连忙写了封信责备孙皎。这封信，后来被江东将士誉为《诫弟书》，可与后来诸葛亮的《诫子书》相比。孙权在信中说："孤把精兵交给你，委派你担负重任，在千里之外统率众将士，是想你像从前楚宣王委任昭奚恤那样，要你向北方的敌人显扬国威，这就不仅仅是要你满足个人的愿望。孤亲近看重甘宁，并不是出于护短偏爱。现在孤亲近他、看重他，你却疏远他、憎恨他，你的所作所为刚好跟孤相反，这样怎么能长久维持下去呢？一个人要恭敬慎行，才能面对百姓；爱护他人多一些宽容，才能得到众人的拥护。这两点你都不能明白，又怎能在远方督领军队、抵御敌人、拯救危难呢？你已经长大，特受重任，上有远方百官瞻望之视，下有部曲朝夕从事，怎么可以放纵个人情绪，大发脾气呢？人谁能无过，贵在其能改。你应该反思先前的过失，深深检讨自己的罪责。孤知道这件事后非常难过，心情悲痛，不禁泪下。"孙皎接到孙权的信后，赶忙回信向孙权请罪，并与甘宁结下了深厚的友谊。

孙皎讲后，双手作揖，深深地向孙权鞠了一躬。孙权点头道："今天孤在这里跟大家说明白，当孙氏家族的人与江东将领发生矛盾时，孤决不偏袒，绝不护短，一切以江东大局为重，以孙氏政权的整体利益为先。"

孙权说完，径自走出了祭祀堂。众人跪在地上，半天才起来。从此以后，孙氏家族的武将成员没有像北方曹氏家族的将领那样专横跋扈，这与孙权孜孜不倦的教育帮助是分不开的。

忠心多一点

1

建安二十二年（217）秋。

偏将军①凌统终于回到阔别了十四年之久的家乡余杭县②。

凌统自前年跟随孙权征战合肥时，在逍遥津为掩护孙权撤退而身负重伤，经全力救治，到去年的六月才基本痊愈。孙权考虑到凌统是为救他而受重伤，所以伤基本好了之后，也没有给他分配任务。凌统是个闲不住的人，几次主动向孙权请缨要求分配任务，孙权还是没有马上答应。直到曹操率大军压境之时，江东各地又有不少山越蠢蠢欲动，孙权分配了几位将军去征讨山越的同时，凌统向他建议："主公！山里还有不少身强力壮的男子未接受郡县的管理，可以通过施威与怀柔两种方式进行招纳，不要一味地进剿。我请求去老家余杭一带进驻征讨各县山越。"

孙权拗不过他的多次请求，加上江东内外不太平，确实需要像凌统这样忠心耿耿的将领。在凌统自己认为

---

① 偏将军系将军的辅佐。
② 余杭县在秦始皇推行郡县制的时候建县。

凌统像

身体没问题的情况下，孙权同意他率部进驻东部山区解决山越问题，并命令所在各县，凡是凌统所需要的人力物力，及时提供满足之后再行报告。凌统平常就爱护部下，将士们也仰慕他，对山越的施威和怀柔工作开展得很顺利，短短一个半月时间，就新招纳到了一万多名山越精兵。孙权得报后，非常满意。

凌统从禾兴到钱塘，再由钱塘来到自己的家乡余杭。到达余杭县治时，为了不影响城中百姓的生活，他让大部队在郊外安营扎寨，自己只带了几个随从翻过洗马岭进入余杭城。

余杭城不大，方方正正的，城外有一条小河，河边古木参天，沟沟畦畦整齐排布的稻田已是一片金黄，远处的群山连绵不断。凌统进城后先去看了部伍桥与部伍亭，这两个地方都是十七年前他的父亲凌操发动收编的乡兵所修建的，现如今，桥亭依旧，父亲已逝。

他徒步走进县衙大门，捧着手版去见县里的县长、县丞、县尉们，对父母官恭恭敬敬，礼仪非常周到。在城里的几天里，他不忘亲故情谊，带着礼物去逐个拜见亲朋旧友。一切妥当之后，他率众去了自己的老宅所在地全城坞。

2

全城坞背靠鸬鸟山，旁边还有红桃山和窑头山。鸬鸟山因山形似鸬鸟而得名。这里是余杭县西部的一个山区，群山环抱，山高坞深，时有野兽出没。鸬鸟山主峰圆润，侧峰簇拥，像极了一只欲展翅跳水的鸬鸟。山间的参天古木，一年四季青葱苍郁，浓荫匝地，满山是藤萝缠绕，修竹摇曳，苔藓爬满山岩。山左侧的鸬鸟溪绕峰穿林而出，构成了一幅有山有水、山水相拥的长卷。

凌统的老宅就在鸬鸟山的南面山脚下，宅子是个四合院，在他爷爷的手里初建，父亲时扩建，现在他打算好好修缮一下。在修缮老宅的同时，他还去修缮了位于村子北面五里处父亲的坟墓。凌操墓没有杂草也没有坍塌，说明得到了族人乡人很好的看护，现在只要再砌石添土加固即可。老宅修缮完工后，凌统摆了十多桌酒宴，请全村的族人乡人前来吃了顿饭。让凌统意想不到的是，酒足饭饱之时，十六位头包海蓝色英雄巾、身穿海蓝色绣边武生服、腰束海蓝色宽边腰布、脚蹬海蓝色厚底布靴的舞者跳起了灯舞。凌统见这灯扎的非龙非鱼造型奇特，忙问族长太公原因。族长太公看了看凌统，哈哈大笑起来，露出仅剩的两颗牙齿。笑完后，族长太公讲出了这灯的来由。

原来族人在去年上半年听说了凌统英勇无畏、不惜身家性命救护孙权的事迹，大家都很感动，族中长辈就虚拟出一个"鳌鱼击水救凌统"的故事来激励后辈晚生。故事的主要内容是凌统掩护孙权成功脱险后，身负重伤，发现逍遥津渡口已桥断路绝，便纵身跃入河里。此时，忽见南淝河河面狂风大作，白浪翻滚，一条龙头鱼身的鳌鱼腾空而起，驮着凌统一直将他送到孙权的御船边，凌统才得以生还。

乡人为感念凌操、凌统父子对乡里的恩情与贡献，去年便扎起了形似鳌鱼的彩灯，并将凌家拳的十六种阵式运用到灯舞上，没想到这个灯舞可看可玩可健身，四乡八邻争相仿效。

凌统微笑着听完族长太公介绍后，仔细观察起乡民扎的鳌鱼灯来。只见乡民扎的鳌鱼灯光是造型就别具一格，它头如龙，身如鱼，鱼身上还粘满一片片的鳞甲，灯大概有五尺长，灯下有一根长柄，灯具五颜六色、绚丽多彩。此时十六位乡民一人一灯，紧握长柄，和着伴奏锣鼓的节奏，配合元宝阵、长蛇阵、梅花阵等十六种阵式与"鱼跳龙门""双龙入海"等鳌鱼动作举灯而舞，只见鳌鱼灯一会儿上下翻滚，一会儿来回穿梭，一会儿相互嬉戏，一会儿相互争斗，将鳌鱼的生活习性和凌家拳拳法以及战场上的阵法表现得淋漓尽致。表演结束，凌统站起身，激动地鼓起掌来，作揖道："乡亲们有心啦！统在此谢过乡亲们！"

第二天早上，凌统起得很早，脚下地时感觉胸口有些疼痛。他揉了揉胸口站起身来，步履蹒跚地走到院子里。他望着东边山峦晨曦间倏忽晃动的白日，忽然间涌上一种恍如隔世的感觉。他知道自己的身体在前年的那次重伤中已伤及肺腑，去年秋季以来已每况愈下。凌统并不是一个怕死之人，只是想此次还乡把该了的心愿都了结掉。如此，便上不愧于天，下不愧于地。今天，他就想带着家眷和两位幼子去祭祀葬在村北的父亲。

凌操墓已被修葺一新。巨大的条石垒砌成了一个圆形且高大的墓冢，墓冢正面树起了一块高大的墓碑，上刻"汉故破贼校尉凌公之墓"十个苍劲有力的大字。凌统抚摸着这块新碑，旧日往事涌上心头，已逝去十四年之久的父亲的音容笑貌也变得清晰起来。

凌家家境贫寒，但与生活同样拮据的乡人不同的是，父子俩都练就了一身好武艺，尤其是凌统，自小随父舞刀弄枪，力大超群，武功了得，方圆百里无人能及。一场严白虎之乱，彻底改变了凌氏父子俩的命运。

那是在建安二年（197），正值孙权的哥哥孙策带兵征讨吴郡的地方武装严白虎。严白虎哪会是孙策的对手，刚一交手就全线溃败，便带了残部败走余杭，准备去投靠故友许昭。他纵容溃退的士兵一路劫掠，使得沿途的乡民惊恐万分，叫苦不迭。严白虎进犯全城坞时，会武功的凌操带领乡人族众操起各种武器与严白虎的士兵展开了一番激烈的厮杀，将严白虎与他的士兵杀得落荒而逃。孙策听闻凌氏父子率族人杀退严白虎的消息后，连忙赶来凌家堂结交凌操父子。没过几天，凌氏父子与村中族中年青的愿投军的亲朋乡友安顿好家园后集体投奔孙策，成为孙策麾下的一支劲旅。

梦回钱塘的孙权

HANG ZHOU

孙策大战严白虎

078

建安五年（200），孙策在一次狩猎中遇刺身亡，凌操和凌统继续追随孙策的弟弟孙权。在之后的一场场征战中，凌操常常奋不顾身，一马当先，勇猛异常，被孙权封为破贼校尉。三年后（203），凌操随孙权西伐江夏太守黄祖，他轻舟独进，奋勇杀入夏口，不幸被黄祖部将甘宁一箭射中，当即身亡。当时只有十五岁的凌统见状悲痛欲绝，当他发现甘宁想来抢其父的尸首，便迅速跳上一艘轻舟冒死冲进敌阵夺回父亲的遗体。此时距凌操告别余杭故土投奔孙氏军营才短短六个年头。

凌操阵亡后，孙权见凌统年少果敢，封其为别部司马，率领有万余将士的其父旧部，代行破贼校尉之职。在扶柩归葬余杭全城坞北后，为早日为父报仇，凌统没有守制便归队征战。在接下来十三四年的南征北战中，凌统出生入死，英勇无畏，战功赫赫，成为孙权十分器重的一员猛将。特别是前年那场逍遥津战斗中，他为掩护孙权脱险，负伤二十多处，成了主公的救命恩人。此事被远在荆州的鲁肃闻悉后，连声称赞凌统有"国士之风"。他也因这特殊的功劳升任偏将军。

"公绩啊！你在想什么？时辰已到，赶紧祭祀吧！"族长太公的一句话把凌统的思绪拉了回来。

"噢！往事成追忆，战功如浮云。统现在唯一祈盼的就是主公能早日一统天下，救济黎庶；早日宽刑轻赋，国泰民安。"凌统说完，招呼大家在祭坛前肃立。

凌统持香祭道："父亲，不孝儿来看您了！今天，家族里面能来的都来了，您看热闹不？父亲啊！我刚才来的时候在您墓地旁也选了块地给我自己，儿感觉很快就可以来陪您了。儿不孝啊，杀得了黄祖却杀不了甘宁，甘宁甘兴霸不仅是咱江东的大功臣，而且还是我的救命恩人。我与他现在非但不是仇人，而且是知交诤友。父亲，儿对不起您啊！儿对不起您啊！儿对不……"由于过于激动，凌统话还没有说完，旧创复迸，胸前血喷如注，一下子就倒在地上，昏死过去了。众人慌忙将他抬回老宅，请军医赶忙过来急救。

3

凌统失血过多，内脏失调，一直高烧不退，昏昏醒醒，足足过了半个月的时间，他才基本清醒过来，但人形已变，变得骨瘦如柴，一副油灯即将燃尽的样子。这两天，他总感觉有个熟悉的身影时常远远地坐在榻前默默地注视着他，他想叫，却叫不出声，他想挣扎着起来，却起不了身。

待他完全清醒了，也看清楚了，原来是主公孙权。他想翻身起来拜见主公，却被孙权轻轻地按住。孙权看着凌统，轻声道："不要起来，安心躺着，是孤来了！"

凌统含着泪，嘴唇翕动，吃力地说道："主公！是您吗？末将不是在做梦吧？"

孙权强露出一丝笑容，轻轻地拍拍凌统的肩膀道："感觉到了吗？公绩，你不是在做梦！"

"谢谢主公远道而来来看末将！没想到末将在死之前，还能再见到主公！"说完这一句，凌统再也忍不住，幽幽地哭了起来。

看到凌统哭，孙权也饮泣起来："公绩，你可一定要好起来！不要让孤再失股肱之臣啦！公绩，你知道吗？上个月咱江东的擎天玉柱鲁子敬去世啦！当时，孤闻噩耗真有天塌地陷之感！孤几日不吃不喝，亲自在京口为子敬操办了丧事，遵他的遗愿，将他葬在了丹徒县的小渎山下。"

凌统闻讯，嘴巴张得大大的，泪水顺着脸颊流下来，喃喃道："自统随父投吴以来，父亲死了，子义将军死了，周大都督死了，程公死了，子烈将军死了，元代将军死了，现在子敬都督也死了，过不了几天，末将也要死了！呜呜呜！"

孙权听了更加悲上心头，泪水忍不住直流："公绩，不许你胡说！你才二十九岁，比孤还要小七岁！你正当年，孤还等着你好好为江东效力！"

"主公！恐怕要让您失望了。我的身体我知道，活不了啦！末将虽死但心愿都已了，死之前还见到主公就更无遗憾了！"

"公绩，孤此次来吴郡巡视，主要是为你而来。你别激动，内脏之病需要静养。待会儿，公苗、兴霸、子璜、公奕、休穆、幼平等都会来看你，他们现正在你父亲的坟墓前祭祀呢！特别是兴霸能去你父亲坟前，也能了你心中之事吧！你和幼平都是孤的救命恩人，孤不能看着你有事啊！"

说着说着，两人又哭了起来。

4

孙权延请名医想方设法抢救凌统，但凌统还是走了，年仅二十九岁。

孙权看着凌统流着泪咽下最后一口气，悲痛得双手反复拍打坐榻，站起来又坐下去，泪干了，见其亲属族人进来啼哭，泪又不由自主地流了下来。好几天提起凌统来就流泪，好几天吃不下饭，令张承从京口快马加鞭赶来为凌统写墓志铭与悼词。

孙权亲自主持凌统的葬礼，将他葬在村北凌操墓的左侧，墓碑由孙权含泪书写。丧事完毕之后，孙权在凌统老宅设丧宴，感谢凌氏族人与乡民代表。

丧宴在极悲戚的氛围中进行，将近结束的时候，孙权站起身来对大家说道："孤来凌将军老家已十日有余，十余日来，孤在此感受了凌氏族人乡民的忠诚、勇敢与善良。今天的丧宴，我们就是要来缅怀凌将军的忠、勇与善。"接着，孙权给凌氏族人乡民讲起了前年兵败合肥的故事。

建安二十年（215），孙权趁曹操用兵汉中，在合肥城仅有七千将士留守之际，亲率十万大军去攻打与吴边境长期对峙的合肥城。驻守合肥的张辽闻报孙权起兵十万，水军已经通过濡须水，进入巢湖，步军也正沿着濡须水和巢湖西侧向北推进，距合肥城已不足二百里，一开始相当吃惊。但张辽和另外两位将军乐进、李典都是二十几年身经百战的大将，很快就镇定下来，一面派人飞报许都并急报远在汉中督战的曹操，一面秘密商定了一个突袭孙吴军营的方案。

张辽他们从守城的七千将士中精选出八百名死士，组成了一支敢死队，乘兵临城下的孙权大军尚未整队，第二天凌晨，张辽即率领敢死队突然杀入孙权军营，一路冲杀进孙权所在的中军。孙权根本没想到张辽还会有这样一个险招，猝不及防，退守至合肥城左侧的小山丘上不知所措。天大亮后，孙权发现张辽部下人数不多，急忙下令将张辽和他的敢死队团团围住。张辽没想到危急下的孙权会如此镇定,忙指挥敢死队突围。一边要围剿,一边要突围,两军杀得昏天黑地。一直打到晌午时分,张辽才与死伤过半的将士突围成功,有些狼狈地退入城内。此次张辽偷袭,因吴军毫无准备,一下子死伤了二千多人,士气大损。孙权下令整修营寨,加强巡逻,生怕曹军再来袭营。三日后各路人马到齐,军心也稳定了,于是孙权下令攻城。

合肥城是曹操进攻江东的前沿阵地,已经营数年,城墙高厚,城河环绕,城内储存大量粮草军械。孙权一看,挖地道筑土山都不管用,只得指挥大军强攻。好不容易强攻到城下,准备架云梯时,被城楼上数以百计的弓箭手所射退。孙吴水军也派不上用场,曹军水寨造得异常坚固,易守难攻,孙权的水军根本无法靠近。就这样围了将近半个月,孙权考虑到军中粮草将尽,只得令其部队无功而返。

当孙权各兵团开始依次撤退时,在合肥城墙上观阵良久的张辽,忽然发现孙权军队断后的居然是孙权中军,不禁喜出望外,立即与李典、乐进率领主力迅速出城袭击,径直扑向孙权所在的中军。一时间,"杀"声震天,"抓住孙权"之声大作!

当时,南淝河北岸只剩下孙权、凌统、陈武与中军虎士千余人,情形万分危急之际,此次出征合肥担任右部督的凌统下令将孙权围在中间保护起来。铺天盖地的曹军向孙权蜂拥而至,离孙权最近的曹军都可以用刀枪刺中他。凌统站在孙权的马前,用长戟拼尽全力格开敌军齐刺过来的长枪。倏然又有几支枪刺在他的身上,他忍住钻心的疼痛,奋力一挺,一排长枪手也同马一起往后仰翻,凌统顺势拔出大刀向马蹄砍去。前蹄越起的马儿倒的倒,掉头的掉头,顿时马嘶人叫,乱作一团。

梦回钱塘的孙权

HANG ZHOU

孙仲谋合肥大战

敌人来得太快太多，不一会儿凌统就身负重伤。但凌统知道此时自己不能倒下，一边忍痛拔出插在臂膀上的枪头，一边大叫陈武率部保护骑在马上的孙权往河边撤退。为掩护孙权能快速撤往河边，凌统率三百名亲随不退反进，迎着张辽主力上前拼杀。这三百勇士大多数是凌统与父亲凌操从家乡带出来的，平时凌统对下属就像待自己的亲人一般，轻财重义，凌家军早就亲如一家人，团结得像一个人一样。大家见凌统身负重伤还在竭尽全力拼杀，明白此时此刻为主公脱险赢得时间的重要性，一个个呐喊着杀入敌军之中。凌统看着一个个亲随满身鲜血的倒下，又看着一个个亲随义无反顾地杀入敌军，觉得又欣慰又心痛。他从染红的战袍撕扯下一条布围扎住向外涌血的胸口，双手握刀怒吼着一路砍去，惊魂动魄的嘶喊吓得敌人慌忙躲闪，躲闪不及的一个个应声倒下，有的被砍中了脖子，瞬间血喷如注。凌统一连砍杀了数十个敌人，杀得脸上全都沾满了鲜血，连眼睛也红了。敌人见此情形不寒而栗，手脚颤抖着不由自主地向后退。

　　张辽看见孙权走远，连忙下令李典和乐进继续率众消灭凌统他们，自己带了一队人马朝着孙权他们冲去。陈武看见张辽急追过来，死令部众不惜一切代价保护孙权过桥，过桥之后务必把桥拆毁以确保安全。陈武交代完毕迅速回头疾驰迎击张辽，几个回合之后，被张辽一枪挑死，十几位亲随也先后阵亡。孙权终于策马过桥，陈武余部远远看到主将已阵亡，含泪拆毁了木桥。此时，吕蒙、贺齐各率三千步军赶到桥头护住孙权，水军也及时赶到，众人保护着孙权上了一艘大船。吕蒙率部从陆路撤回，贺齐则率部重新搭桥救援凌统。

　　张辽、李典、乐进围歼凌统三百亲随后，看到孙权已上船，也害怕孙吴大军赶来，急令部队快速按原路撤回城内。

待凌统从死人堆里苏醒过来，曹军都已撤回城内。凌统艰难地站起来的时候，贺齐看见了他，急忙策马过来，飞滚下马扶住凌统，看着满身鲜血奄奄一息的凌统，哽咽道："公绩，公绩，我是贺齐，主公已脱险，曹兵也退啦！你可要坚持住，不能死啊！想想你那两个还那么小的儿子，他们不能没有父亲啊！"

凌统在贺齐的摇晃中，发出微弱的声音："公苗，别摇啦！我死不了！主公安全就好！主公安全就好！主公安全就好！"连说了几声"主公安全就好"之后，凌统就昏厥过去了。

孙权得知身负重伤的凌统被贺齐救回来了，立刻跑出船舱，招呼贺齐与军士们将其送到自己的大船上。

看到浑身挂彩、连战袍也被染红的凌统，孙权失声痛哭。哭了好阵子，孙权才忍住，看着啜泣的众人说道："此次逍遥津遭袭并惨败，过错都在于孤。孤本以为我军兵力占压倒性优势，且曹操又无力回师救援，此战必胜无疑，却没想到合肥守军会如此顽强。孤忘了'骄兵必败'之教训，何况孤一败之后仍未接受教训，以致再败。孤对不起元代、子烈与众多死去的将士，对不起公绩与他的三百壮士……"

这时贺齐走到中间跪下泣道："主公！主公听公苗一言，您是吴军统帅，十万将士的生死都在您的一念之间；您是江东之主，江东百姓的存亡都在您的身上。您万不可只身涉险，置江东与天下的生死存亡于不顾。今日之事，千钧一发，危在旦夕，全军震恐。愿主公今后以此为戒，只有主公绝对安全，死去的将士才会瞑目啊！"

请主公三思！"说完，贺齐哭倒在地。

孙权流着泪走到他面前，用衣袖为贺齐拭泪，泣道："公苗说得在理，孤既内疚又惭愧！孤定当将此言永铭于心，终身不忘此次征战的惨痛教训！"

众人皆跪倒在地，齐声泣道："主公……"

到居巢后，幸亏有吕蒙请来的名医相救，凌统才得以转危为安。在急救现场，孙权亲自为凌统更衣，并含泪数了凌统身上的大小深浅刀剑伤共有二十余处。

在昏迷了一天一夜之后，凌统终于醒了。守在病榻前的孙权连忙握住他的手，轻声道："公绩，你终于醒啦！谢天谢地，醒了就好！"

"主公！您没事就好！"凌统沙哑着说道，说完用舌头舔了舔干裂的嘴唇。

孙权帮他拉了拉被子，慢声道："此次征战合肥，公绩英勇无畏，不惜身家性命救护孤，使孤无恙！公绩对孤有救命之恩！"

"主公言重啦！每个江东将士都会舍身保护主公，只要主公没事就好！"凌统含着泪说道。

当凌统得知自己的亲随全部牺牲在战场时，大声痛哭起来，众人劝也劝不住。孙权生怕他伤口崩裂，轻轻地抱住他安慰道："公绩，人死不能复生，孤定当倍加抚恤。只要有你在，何愁无兵？只要你养好身体，孤定给你增兵数倍。"

当即拜凌统为偏将军,让他安心养病。

5

当孙权讲完两年前逍遥津的那场恶战,众人已泣不成声。院子里秋风萧瑟,刮得院门前高挂的两个白色灯笼簌簌作响。

还是族长太公先开了口:"主公,您待部下以骨肉之情,将士必然誓死效命。古人云:'士为知己者死。'公绩为国而死,死得值,死得其所。咱们全城坞凌氏一族都为他自豪为他骄傲!请主公也不要太难过了!望主公早点休息,多日的熬夜守夜,请主公要多多保重啊!"

族长太公说到这,族人乡民全都起身跪下,齐声道:"请主公多多保重啊!"

孙权连忙叫众人起来:"孤在此谢过大家了!有民如此,正是江东强盛之基啊!也请乡亲们保重,前年的逍遥津一战,公绩的三百亲兵中有不少你们家庭的孩子,你们的孩子为了孤战死在沙场,你们却反过来劝孤不要难过!谁说百姓卑微,江东打仗立国全靠百姓,打败曹魏一统天下更要靠百姓。"

"主公英明!"众人又齐声道。

孙权看着大家,并把余杭县令叫到跟前:"陈县令,孤要让天下人知道两件事。"

陈县令马上拱手道:"请主公盼咐。"

孙权没有马上说话,而是让人把准备好的大笔与墨碗拿过来。他拿笔饱蘸浓墨，转身在堂前的白色屏风上写下一个大大的"凌"字。孙权的书法，小时候是下过功夫的，所以写出来的"凌"字线条凝练，结构稳定，风格豪放，深得群臣的称赞。写完后，他还是没有说话，示意左右将准备好的大笔和朱砂拿上来，然后用笔蘸朱砂，将"凌"字的两点之间加上了重重的一个红点。孙权凝视良久，然后放下笔，让侍从撤去笔墨。看着疑惑不解的众人，孙权这才大声道："这第一件事就是孤决定将全城坞改名为凌家堂，将两点水'凌'改为三点水'凌'，以示凌氏的忠心多一点。"

孙权的改名改姓之举，让凌家堂的族人乡民大为振奋，备受鼓舞。大家知道孙权此举是为了表彰凌统南征北战的显赫战功，以示褒奖凌统的多一点忠心，这是今后新三点水"凌"氏莫大的荣耀。凌氏族人乡民们又一次齐刷刷地跪下道："谢主公赐村名改姓氏，我们定当不辜负主公对凌氏的期望，以忠传家。"

孙权忙请大家起来，他上前扶起族长太公，一个劲地说道："好！好！天下'凌''凌'虽同一家，但又有多一点之别，倡导忠心多一点，相信后世溯源者应该不会怪孤唐突吧！这第二件事是公绩的两个儿子凌烈、凌封，孤没记错的话，一个五岁，一个三岁，正是最需要父亲陪伴的年龄，所以孤想将兄弟俩接到宫中抚养，孤会像对待自己的儿子一样爱护厚待他们。请大家放心！"

族长太公感动得忙用衣袖拭泪，深深地朝着孙权鞠了一躬，然后左手拉着凌烈，右手拉着凌封，来到孙权面前。由于族长太公太激动了，以至于双手颤抖着，声音也颤抖着："主公，您亲自带着烈儿与封儿，那是他们兄弟俩比天还大的造化，天下莫不称颂您的仁德！"

说完，让凌烈、凌封跪下给孙权磕头。

孙权怜惜地摸了摸两个孩子的头，然后一手一个把他们抱了起来，高声说道："这是孤的两个虎子啊！"

表彰钟离牧

1

孙权在余杭处理完凌统的丧事后，没有立即回京，而是继续巡视吴郡及会稽郡，并在余暨①接见了著名隐士钟离牧。

钟离牧，字子干，会稽郡山阴县②人。年轻时迁居余暨，开垦田地，种了二十多亩水稻。稻子快要成熟的时候，当地有个人指认这块田地是他的。钟离牧听闻后不好意思地说："本来就是因为这块田地荒芜着，所以才将此处开垦出来种上稻谷。既然是您的田地，那就让它物归原主吧！"于是他就把水稻统统给了那人。县里面听说此事后，就把那人关进了监狱，打算依法制裁他。钟离牧知道后就跑到县衙找到县长为他求情。县长姓谢，是钟离牧幼年时就去世的父亲钟离绪的同窗好友。谢县长说："我知道子干你从小仰慕承宫的为人，一直坚持以做仁义的事情为己任。但我是百姓的主事人，则应当用法令来约束百姓，不能置国家的法令于不顾来纵容这样的事情。"钟离牧却说："大人，这里是郡界，由于您有心照顾，所以我才暂住下来，在您的宝地半耕半读。每每想起大人对我的照顾，心里总是充满对您的感激之情。

①今杭州萧山区。
②今绍兴。

钟离牧像

但是，现在您却要为了这一点稻米打算去杀那个人，那我还有什么心思再留下来呢？"说完返回居住处取出行装，准备返回山阴。谢县长连忙亲自去劝阻他，并为他释放了那个被关押的人。那个人出狱之后，知道了缘由，感到既惭愧又害怕，带领妻儿老小把所索取的稻子舂了六十斛米，送还给钟离牧，钟离牧关上院门不肯接受。那个人就把米堆放在院子外的路边上，直到烂掉，也没有一个人去拿。钟离牧由此出了名。

2

城山之巅，秋风萧瑟。

城山又叫作越王城山，离余暨县衙大约十里的距离。城山活脱脱像一座城池，中间低平如城内，四周高耸似城墙。孙权在朱然、全琮、周鲂等人的陪同下，穿过山门，拾阶而上，一路上巨石兀立，如屏如扇；古木参天，亭亭如盖。城山不高，一会儿工夫就登上山巅，孙权站在山岩上，放眼四顾，天高云淡，烟波缥缈，美不胜收。蜿蜒入江，三面临水，气度不凡而又有历史底蕴的城山景观，让孙权心情大好。览景之余，他还主动给朱然他们讲起了六百多年前发生在这里的故事。

那是在周敬王二十四年（前496），吴王阖闾乘越王允常新丧、勾践初登王位之机，兴兵伐越。结果吴军败于槜李①，阖闾也受伤，含愤而死。夫差继任吴王后，日夜练兵图报父仇，勾践闻讯后企图先发制人，于周敬王二十六年（前494）仓促兴师进攻吴国。夫椒②一役，越军大溃，勾践率残部五千余人退至钱塘江南岸。所谓的越王勾践在城山屯兵拒吴，应该就在这个时候。吴越争霸的故事刚开了个头，孙权便跟朱然等人说道："子干先生常年居于此，待会儿请他讲讲吴越争霸的事。"话音刚落，就见有侍卫跑上前来向孙权禀报："主公！子干先生到了！"

孙权一听，笑道："这不，刚说人就来了，快快有请！"

钟离牧得到孙权要在城山接见自己的消息后，特地换上了一件平时舍不得穿的白色宽大氅服，还系了一条红色的头巾，一副儒生的打扮。他远远地看见孙权已转身走过来迎接自己，连忙三步并作两步地赶上去拜见。

"主公！您日理万机，拨冗召见钟离牧，钟离牧惶恐之至！"钟离牧说罢，拱着手深深地鞠了一躬。

①今嘉兴。
②今吴兴县西。

孙权端详了一下眼前这位风度翩翩、英气逼人的后生，笑道："子干不必多礼！后生可畏！孔融让梨、陆绩怀橘，都无法跟你这'钟离牧让谷'相比，只有'承宫让黍'差可相仿！"

"'承宫让黍'？主公！啥叫'承宫让黍'？"蒋钦听不懂，满脸疑惑。

"公奕啊！孤叫你平时多读点书，你总是以军务繁忙来搪塞，现在不知典故在哪里了吧！"孙权瞪了蒋钦一眼，继续说道，"承宫，字少子，琅琊人氏，当时天下大乱，承宫与弟子们逃难到汉中。他和妻儿在蒙阴山下开垦田地，努力耕作，在禾黍将要成熟的时候，也是有人出来讲那是他的田地，承宫也和今天的子干一样，不与他争辩就将田地禾黍让给他。承宫也因此显名，后来成为光武间著名的大臣。光武得承宫，孤得钟离子干！"

钟离牧听孙权如此赞誉，慌忙跪下说："我虽仰慕琅琊承宫，但怎么能跟他比？又怎么经得起主公如此盛赞？"

孙权一边扶起钟离牧，一边说："子干啊！你现在已经有了承宫这样的高风，孤希望你还要成为你祖先钟离意那样的清官廉吏。"

钟离牧觉得孙权对他太了解了，惊讶道："主公！您怎么什么都知道？钟离意确是我先祖，我是他的七世孙。老祖宗永远是我们后世子孙学习的楷模。"

孙权点了点头："你家老祖宗一生为民请命、扶持正义的故事很多，流传很广。既然义封、子璜、子鱼、公奕都在，孤就给你们讲几个钟离意的故事。"

孙权停了停，示意大家围坐在一块条形的巨石前，然后讲起了钟离意的故事。

第一个故事：钟离意被征召入大司徒侯霸府中，朝廷诏令他负责押送囚犯到河内。时逢冬天寒冷，犯人染病不能前进。路过弘农时，钟离意将他们转移到属县，让他们为犯人缝制衣服，属县不得已把衣服交给他，却上书汇报了事情的经过，钟离意也详细汇报了事情的经过。光武帝得到汇报后，把它拿给侯霸看，并说："你任用的属下用心怎么这么仁慈！确实是良吏啊！"钟离意竟然在半路上除去了犯人的枷锁，让他们去自己想去的地方，与他们约定回来报到的日期。结果，他们全都按时到达，没有一个人违期。

第二个故事：钟离意任会稽县令时，正逢流行瘟疫，会稽县很多人感染，几天之内就死了一万多人。面对这样的惨状，钟离意寝食不安，他不住地责备自己："百姓遭难，我却无法解救，还算什么父母官？"他不顾被感染的危险，一家又一家地去慰问病人及家属，并下令到处招募大夫研制新药。几天之后，新药研制出来了，就是不敢马上给病人喝，因为新药的成分里有几味是有毒的草药。钟离意知道后说："这不是很简单吗？让我来试就可以了。"他不顾大家的竭力阻挡，伸手夺过药就喝了下去。很快，瘟疫被控制住了，钟离意紧皱的眉头也舒展了。

第三个故事：钟离意后又改任堂邑县令。县里人防广为父亲报仇，被送进了监狱，他的母亲又病死，防广哭泣不吃饭，钟离意同情他，于是允许防广回家，使他能够殡殓母亲，县丞及其他属吏都争论以为不可，钟离意说："如果获罪，归于我一人，决不连累大家。"于是将防广放走。防广殡殓母亲后，果然回来入狱。钟离意又如实查明真相上报,最终防广被赦免了死罪。

孙权一口气讲完后,感慨道:"凡是有利于老百姓的事情就要去做,这就是你家老祖宗的精神!"

钟离牧听了,顿时热泪盈眶:"主公!你这句话是对钟离家族最高最好的褒奖!用人是最高的帝王术,为民是最好的为官道。请主公放心,我一定把老祖宗的精神传承好!"

3

孙权登城山的时候是从南面上去的,现在从北面下山,宝船已在山脚的码头等候。众人上了船,刚在船上的议事厅坐下,就有侍从拎起火炉上的陶罐走过来为大家上茶。

越王城山"卧薪尝胆"景点

孙权小心翼翼地拿起茶碗啜了一口茶,"咕咚"一声吞下后向钟离牧介绍道:"子干先生,你尝口试试,此茶味道如何?"

钟离牧也端起茶碗啜了一口,在嘴中停留一会然后吞下,禁不住赞道:"好茶,醇香甘洌,绵厚回甘,上品!让我猜猜这是钱塘茶、余杭茶,还是富春茶?"

说着,钟离牧又啜了一口,慢慢吞下,众人的目光都在他身上,等着他说出结果。

"富春茶。"钟离牧给出了答案。

孙权觉得很奇怪:"你如何肯定这是富春茶?"

"哈哈……其实方法也很简单。"钟离牧故意卖了个关子:"主公!我喝过钱塘茶与余杭茶,今天的茶与我以前喝过的茶不同,我猜那就只有富春茶了。"

孙权听到这种不是办法的办法之猜测方法,也开心地大笑起来:"孤一开始还以为你是品茶高手,没想到最后还是蒙的。"

"富春茶如此珍贵,牧蜗居乡野,又哪能品尝得到呢?"钟离牧回道。

孙权示意侍卫拿一盒富春茶来,他接过来拿在手上,故作认真地对钟离牧说:"子干,为了表彰你的让稻之举,这盒茶就赏给你了。但要拿到这盒茶,你还得给大家讲一讲吴越争霸的事,这是刚才你来到山顶之前,孤就对他们说好的。"说完朝朱然他们看了看。

钟离牧站起身来,透过两边的船窗看了看越山以及隔江相对的吴山,然后说道:"其实这段历史主公肯定比我了解,吴越争霸有四个关键人物:孙武、伍子胥、范蠡、文种。主公!您是兵圣孙武子之后,由您来讲吴越争霸最为合适。"

孙权摆手:"孤虽是孙武子的二十二世孙,也略知吴越争霸的本末,但没有你子干研究得透彻。别人不知道你迁居城山的目的,孤可知道,你是寻勾践遗踪来的,以备将来著述反思吴越争霸的得失成败。子干,孤说得对否?"

钟离牧心底一惊,孙权对他太了解了。他是有为吴越争霸著述的打算,又考虑到城山与吴山隔江相望,城山有勾践文化,吴山有伍子胥文化,所以他才暂居于此,想拨开云雾,力求还原那段历史。见孙权如此关心,钟离牧也就默认了,离开坐席,站在众人中间,拱手讲了起来:"吴越相邻,先后成为霸主,又先后灭亡,个中原因,令人深思。孙武子与伍子胥如何辅佐阖闾,攻破越、陈、鲁、齐,使吴国成为春秋霸主,我相信,主公一定给诸位讲过。今天,我在主公面前班门弄斧,为大家讲讲越王勾践卧薪尝胆,成就春秋最后一位霸主的事。勾践夫妇为吴王夫差驾车养马,执役三年,受尽耻辱,终于赢得夫差的信任,获释回国。回国后,勾践为兴越灭吴,卧薪尝胆,发愤图强。他在文种、范蠡的辅佐下,制定了'十年生聚''十年教训'的长期战略:一在内政上,实行发展生产、奖励生育及尊重人才等政策,以安定民生,充裕兵源,收揽人心,巩固团结,从而增强综合国力。二在军事上,实行精兵政策,加强训练,严格纪律,以提高战斗力。战斗的胜败实则取决于最后双方的冲锋。越地民风是人人敢死,惯于各自为战。以此,勾践反对匹夫之勇,强调纪律性,要求作战单位在统一号令下统一战斗行动,以发挥整体作战能力。三在外交上,采用亲于齐、深结于晋、阴固于楚而厚事于吴的方针。厚事于吴,即效法周文王对商纣王'文伐'的谋略,以非战争手段瓦解、削弱敌人。主要措施有:佯示忠诚。使吴王放松对越戒备,放手北上中原争霸。纵其所欲。助长吴王爱好宫室、女色之欲望,使其大兴土木,耗费国力。行贿用间,扩大吴统治集团内部矛盾,破坏其团结。'三方面二办法'施行十年,使得越国荒无寸土,百姓亲附,国力复兴;使得越军成为一支装备精良、训练有素并且'人有致死之心'的精锐部队。结果可想而知,越灭吴,夫差自杀。勾践继续率军北渡江淮,与齐、晋诸侯会于徐州,成为春秋时期最后一位霸主。"

听钟离牧说罢,众人一阵唏嘘。朱然说:"听子干先生一席话,胜读十年书。咱们主公,既有兵圣之谋,又有勾践之奇,是英雄中的俊杰,所以能独占江南,成就鼎足对峙的大业。"

"对!"钟离牧接道,"义封将军说得好!主公既有兵圣之谋,又有勾践之奇。主公早在统事之初讨灭李术时,就采用了外交手段,给曹操写信,讲清道理,避免了曹操派兵干预,从而巩固了内部的统治。赤壁之战时,主公又主动派子敬先生去荆州联合刘备,并在曹操大军压境的情况下,力排主降派的干扰,联合刘备抗击强大的曹军,取得了以弱胜强的辉煌战果,不仅保住了江东,而且得以借机将势力扩展到江夏与南郡。赤壁之战后,主公为了对付曹操,继续保持同刘备的结盟,并主动将亲妹妹嫁给刘备以巩固双方的盟好关系,还将荆州治所南郡借给刘备,将其推到抗曹前线,此举使得曹操大为震惊,很是头痛。就在去年,当主公'索荆州'不成,派兵同刘备争夺三郡时,也不忘采取灵活的外交策略,通过谈判,退让一步,达成妥协,双方以湘水为界,平

梦回钱塘的孙权

HANG ZHOU

周瑜定计取荆州

分荆州。主公此举,既蚕食了荆州的东部地区,又避免了大战带来的损失,并且维护了双方的联盟关系,可谓是一举三得啊。"

钟离牧的分析丝丝入扣,孙权也禁不住点头。见钟离牧说完,他站起身来,亲自将富春茶盒送到钟离牧的手上,赞道:"子干先生不愧为青年才俊,对形势能作如此分析,不简单啊!那你再说说看,孤欲实现子敬先生所提出的'竟长江所极,据而有之',先生有何高招?"

钟离牧微微一笑:"我何来高招?高招都在主公的行动中。主公向来善于利用敌、我、友三者之间的矛盾,灵活地通过外交途径达到自己的军事政治目的,从中取利。主公还向来能伸能屈,以屈求伸,忽左忽右,联刘抗曹,联曹打刘,纵横捭阖,收放自如。解决荆州问题,答案都在主公的智慧里了。"

钟离牧的这番话,令孙权很是受用,他不禁高兴地大笑起来。

此时,侍卫进来禀报,船已到余暨县城码头,请大家下船进城。

大家走出船舱,暮色苍茫,华灯初上。

4

余暨县衙。

晚饭后,孙权便叫朱然、全琮、蒋钦、周鲂等各自忙去,单独将钟离牧留下,对他说:"子干啊!孤明日就要离开余暨,去你老家山阴巡视。孤今晚还想听听你的高见。怎么样!陪孤去后面的小溪边走走如何?"

"是!主公!"

外面万籁俱静,繁星点点,月高风清,孙权同钟离牧沿着小溪慢慢散步,路旁的参天大树像钉子一样耸立在皎洁的月色当中。孙权一边走,一边沉思,他问道:"子干,孤深知古今大业赖人才,天下一统重人杰。今晚,孤想听听子干的生才之道,就像十七年前听子敬先生的'吴中对策'那样,好吗?"

听了孙权的话,钟离牧一阵激动,脸一红,若有所思地望了孙权很久,看着孙权迫切的神情,钟离牧沿着潺潺的流水向前走了七岁,回头对孙权道:"主公!在钟离牧看来,生才有道,七道具,才必生!"

"噢!"孙权顿时来了精神,喃喃道,"七道具,才必生。子干请说来听听!"

钟离牧往回走了一步,停下来,说道:"天下的明主都希望自己的手下多几个卓有才华的文臣武将,明主第一道为爱才之心。春秋时期,晋悼公的中军尉祁奚因年迈请求辞归。悼公问他,谁可接任?祁奚推荐了解狐。悼公惊讶不已,问道:'解狐不是你的仇人吗?'祁奚回答道:'主公是问我谁能接替中军尉的职务,并没有问谁是我的仇人呀?'解狐接替了祁奚的中军尉职务,忠于职守,成绩卓著。后来悼公又请祁奚推荐一位将军,祁奚答道:'祁午可以胜任。'悼公又惊讶地问道:'祁午不是你的儿子吗?'祁奚答道:'主公是问我谁可以胜任将军,没有问我是不是我的儿子呀!'事实证明,祁午十分称职,受到了普遍的赞誉。第一道者:不避亲疏,唯才是举！主公！"

孙权听了，点头道："子干！说得好！第一道不避亲疏，唯才是举！孤记下啦！"

钟离牧又往回走了一步，说道："主公！要让那些有智慧、有本事的人来做主公的谋士，来当主公的将军，这是目前群雄割据的形势所决定的，只有这样才能打胜仗，否则就要打败仗，朝野就会混乱，这是根本大计。所以，古代的明主都非常尊重贤才，善于任用贤才。在这个问题上，要努力做到不护短。因此，众文武都要为贤者得到赏赐而受到教育，恶者受到惩罚而产生畏惧，一道听从号令，做善事，做好事。这样贤者就会越来越多，恶者就会越来越少，这叫'进贤'。得到了贤才，明主就要听听他们说了些什么，看看他们做了些什么，到底有多大的能耐，然后再结合实际情况慎重地授予一个合适的官职，这叫作'事能'。能当长官的，就让他治理一方；能当将军的，就让他带兵打仗；能出谋划策的，就让他去当谋士。主公！这第二道叫作用贤使能。"

孙权听了连连点头："对！用贤使能。"

钟离牧仰望了一下无穷的天际，又往回走了一步，望着孙权道："主公！最好的弓是难以拉开的，但是它所射出的箭可以飞到很远的地方。骏马是不容易骑的，但是它可以带着人很快到达很远的地方。贤才不是唯命是从的庸才、奴才。贤才可以让任用他的人为天下所重，成就大业。因此说，江河从不讨厌比它小的溪流，所以能滔滔不绝奔腾不息汇入大海。明主也不会因事小而不纳谏，所以他能成就大业。主公！第三道就叫作识贤纳贤吧！"

"好！"孙权大喜，"有理，凡是人才总会有棱角，要不，怎叫作'贤才择主而事'呢？"

钟离牧听着笑着又往回走了一步，他回过头凝视着潺潺作响的小溪道："主公！明主用人，不要去接迎谄媚和讨好的人。不要把说别人坏话的人留在自己的身边，也不要让结党营私的人待在自己的身边。用人要用其长，不要强行用其短。用人要让他们干他们擅长的事，不要强行让他们去干不会干的事情，这第四道叫作用贤之长。"

孙权接道："用贤之长！好一个用贤之长！子干，那第五道呢？"

钟离牧又往回走了一步，道："主公！一个人的智慧是有限的，一个人的智慧毕竟就是一个人的智慧，再有智慧也只是一个人。明主一旦明白这一点，就会求贤若渴，用贤才的智慧去晓达前事，洞察一切，使狡诈的人不敢胡作非为，会果敢决断除掉恶人决不姑息，使凶暴之徒不敢为非作歹，使贪婪的人见而生悔，从而改恶从善。所以，一旦国家有难，主公有什么危难，贤才就会赴汤蹈火，在所不辞，去为之而死，这种人可称为'义士'，因而这第五道就叫作善用义士！"

"善用义士！"孙权回味着这句话，道，"贤才不一定是义士，义士忠诚不贰，对主上义高于己，重主轻命，这样的人是最难得的。"

钟离牧往回走了第六步，已到了孙权跟前，望着一脸坚毅的孙权道："主公！曾有人向荀子询问用人的方法，荀子说道：'只要道德高尚，才能出众，不论地位高低，一律加以任用、提拔；对待那些弱不任事，才能低下的官员，要立即进行罢黜；对于犯上作乱的人要立即除掉；对那些中等平庸的人，要常敲警钟，对他们进行教育感化，使他们不再做坏事。使贤者居上，不贤者居下，即使贵族子孙，只要没有德才，依旧不用。'我按照荀子的意思，将第六道称为用人决不能退而求其次。"

"用人决不能退而求其次！"孙权忽然大声道，"对啊！子干！用人唯贤，任人唯能，量才而用。"

钟离牧笑了，往回轻快地又迈了一步，与孙权并列站定道："主公！您知道吗？当年管仲得了重病，齐桓公去看望他。管仲挣扎着起身，穿好衣服，戴上帽子，郑重地向齐桓公说道：'微臣恳请主公以后不要再接近易牙、竖刁、堂巫三个总是投主公所好的人，这是极其危险的。公子开方侍奉主公已有十五年了，可是他一次也不回家去探望自己的父母，而齐国和魏国不是很远啊！来回一趟也不过几天就够了。按理说，他应该回去探视才对。主公，违背常情去做事情是不会长久的，这种伪装出来的忠诚也是不会长久的。'桓公听完，沉默了一会儿，果断地说'好'。管仲见桓公如此，觉得很欣慰，但不久就病逝了。桓公厚葬了管仲之后，信守承诺，就让易牙他们四人离开了朝廷。但一段时间以后，齐桓公觉得：没有了堂巫，他就会时常感到烦躁不安；没有了易牙，他连吃饭都没了滋味；没有了竖刁，他看到宫中乱成一团糟；没有了公子开方，他觉得朝廷的大事都无人处理。桓公对管仲生前的劝谏开始动摇了，觉得管仲劝谏他远离易牙他们四人的话不正确。于是，他又恢复了易牙、竖刁、堂巫、公子开方的职务。但仅仅过了一年，他们四人就联手发动了宫廷政变，把齐国瓜分了，并将桓公囚禁在一间很小的房子里，不允许他出去。最后，齐桓公悔恨交加，便自杀了。主公！一代霸主竟落得自杀的下场，就是因为他用贤不到底的缘故吧！所以这第七道，我称之为分辨忠奸用贤始终。"

孙权望着钟离牧，七步七道，都用史镜鉴，正面问题侧回答，意味深长。孙权冷静而自信地说道："孤自幼嗜好读书，子干你刚才所说的这七步七道，孤也常常掩卷思虑，每每念及，力付实践，但始终没有子干总结得如此清晰明白。子干啊！你抽空将这'七步之道'写下来，孤到时亲笔书写横幅悬挂于书房之内，可时时研读领悟。"

钟离牧不住地点头："是！主公！"

孙权仰望着越来越密的繁星，不禁吟起了不久前从北方流传过来的曹操的诗句："日月之行，若出其中；星汉灿烂，若出其里。"

钟离牧听完后，击掌道："主公豪情万丈，知人善任，义薄云天，当为一统天下的雄主！"

孙权闻言朗声大笑："没有贤士，何以匡抚天下？没有义士，何来英雄明主？子敬当年'吴中对策'，子干今夜'七步七道'，你虽年轻，但和子敬先生一样，都是国之贤士！"

敕封建德侯

1

孙权擒杀关羽全据荆州之后，知道刘备不会善罢甘休，迟早会来报复，双方再打一场大仗几乎无法避免。为此，孙权一方面进行军事上的准备，一方面进行外交上的努力。

建安二十五年（220）正月，曹操病逝，终年六十六岁。其子曹丕继任汉丞相、魏王。仅仅八个月后，曹丕废汉献帝，自立为帝，史称魏文帝，追谥曹操为魏武帝，改元为黄初。

第二年四月，刘备在成都称帝，国号仍为汉，改元章武，随后便准备亲征孙权。孙权为了避免两面作战，选择主动向曹丕称臣。这一权宜之计，又一次表明了孙权超前的战略眼光和灵活的外交策略。孙权还将原来被关羽俘获后为吕蒙所得的曹操大将于禁遣还曹丕，以示友好。在这期间，孙权遣使使魏，送去大量的贡品。曹丕派使者来江东，索要了大量的奇珍异宝。孙权的"示弱"表现，加之此时刘备大将孟达率众降曹，武都氐王杨仆也率族内附，曹丕自然志得意满。他力排众议，派

梦回钱塘的孙权

HANG ZHOU

废献帝曹丕篡汉

敕封建德侯

汉中王成都称帝

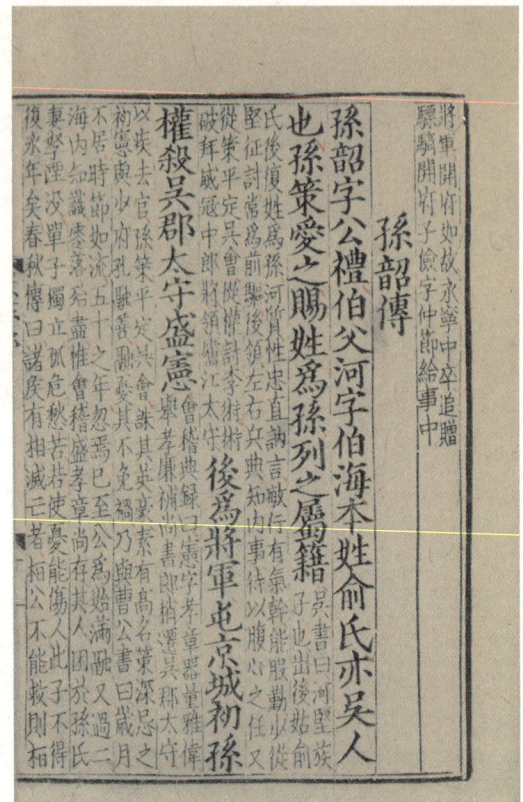

《三国志·吴志·孙韶传》书影（南宋刊本） 日本宫内厅书陵部藏

遣邢贞持节拜孙权为大将军，封吴王，加九锡，督交州，仍领荆州牧，曹丕对孙权的封赏到了无以复加的地步①。曹丕这样做的目的是想让孙权死心塌地地做自己的藩属，向自己俯首称臣，服从自己的命令；并且想借机破坏孙权、刘备之间的关系，打击蜀汉。

孙权受封为吴王之后，坐镇武昌。为了便于督军抗击刘备，同时也为了防御曹丕，他以武昌、下雉、寻阳、阳新、柴桑、沙羡六县为武昌郡，提高了武昌郡的地位。当称帝仅半年的刘备亲率六万大军伐吴时，孙权命陆逊为大都督，假节督朱然、潘璋、宋谦、韩当、徐盛、鲜于丹、孙桓等率五万人在夷陵迎敌。

① 只有曹操当初略胜于此，且都是他自封的。

敕封建德侯

陆逊定计破蜀兵

随着清明节的临近，吴王孙权下令各地文武将吏为初平二年（191）遇难的父亲孙坚，建安五年（200）遇刺的兄长孙策，建安九年（204）遇刺的弟弟孙翊，建安十六年（211）去世的张纮，建安十八年（213）去世的董袭，建安二十年（215）去世的孙瑜、陈武，建安二十二年（217）去世的鲁肃、凌统，建安二十四年（219）去世的吕蒙、蒋钦、陆绩和孙皎等进行扫墓祭奠，表达哀悼。当时，孙韶以广陵太守、偏将军的身份在乌程、嘉兴两县征讨山越的行动刚好结束，所以他主动要求去余杭凌家堂祭祀好友凌统。孙韶，字公礼，本来姓俞，因为孙策喜欢他，赐姓孙，列入孙氏的族谱中。孙权也很器重他，先是任他为承烈校尉，食曲阿、丹徒二县的赋税，让他驻守京城，后来又任其为偏将军，让他遥领广陵太守，负责防御边境与征讨山越。

祭祀完毕，孙韶带着部众离开凌家堂，来到余杭城外驻扎待命，等待孙权的下一步指示。孙韶日日操练士兵，期待着孙权能派他去抗击刘备的夷陵一线。约莫过了半个来月的样子，吴王派来的特使到了。孙韶迎出大寨去一看，来的两位特使让他大吃一惊，两位特使级别很高、名气很大：一位是绥远将军、由拳侯张昭，另一位是刚出使曹魏载誉归来的骑都尉赵咨。孙韶见到了张昭、赵咨两位特使，连忙拱手见礼："张公、赵先生，主公，不，现在应改称吴王，吴王怎么将您两位国贤劳顿到此，看来定有要事嘱我。莫非吴王让我去夷陵前线？"

张昭捋了捋胡子，笑着说："公礼啊！不是要事，是喜事，不去夷陵，是去广陵。怎么，我们大老远地来，不请我们进去说？"

孙韶闻言，忙过来一边扶着张昭，一边怂恿道："张公辛苦！赵先生辛苦！咱们进大帐说，我已为你们准备了公绩故里的好茶，还有好酒！请！里边请！"

2

孙韶有个习惯，每每行军驻扎，他总喜欢将自己的大帐搭建得高大雄伟，帐顶的悬木上雕刻着红色的图案，配有青色的伞盖和深红色的帷幕，大小盾牌以及戈矛等武器上绘有花草纹饰，弓弩箭矢都选用上好材料制成。帐内的布置一应俱全。正前方摆放着一张绛红色已有些残破的主案几，与两边摆放着十余张油光锃亮的新案几相比显得格外陈旧，但这张案几，孙韶就是连行军打仗也带在身边，更别说要将它扔掉，因为这是他伯父孙河用过的遗物。孙韶喜欢大帐内部空间开阔的原因，就是每到一地，他都要一拨一拨地邀请当地将吏绅民来帐中座谈交心，了解民风民俗与民情军情，这是他带兵打仗的一大特色。

张昭一行在宽敞的帐内大厅就座后，对帐内的陈设赞叹不已。大厅中间的虎头铜炉上的大陶锅中的水已烧开，只见一位侍从用钳子夹了几块碎茶放入开水中，顿时茶香四溢，沁入心脾。孙韶见大家闭目扑鼻很是陶醉，便向大家介绍道："这是我从凌家堂出来的时候，乡亲们送来的，说是今年新茶，按照凌氏祖传的制茶工艺精制而成，比别地的茶更具一种特别的清香。今天张公莅临余杭，便煮了一起尝尝。嗯！果然香气扑鼻！"

当侍从将一碗碗热茶放在大家面前的时候，末席的县令陈溇连忙拿起碗站起身来，朝大家望了一眼，用较快的语速道："张公！此茶的汤色不错，香气也浓，请张公品尝茶味如何？"

张昭捋了下胡子，接道："好！入乡随俗，昭这就尝尝。"说罢,端起茶先在鼻下闻了闻,然后啜了一口,含在口中微闭双目慢慢咽下。在东吴老一代文武中,周瑜精于音乐,鲁肃精于棋道,而张昭精于茶道。张昭又啜了一口,慢慢吞下,最后把碗中剩余的茶汤一饮而尽。

好一会儿,张昭才捋着美髯点评道:"好茶!此茶汤色澄红透亮,气味幽香如兰,口感饱满纯正,圆润如诗,回味甘醇,齿颊留芳,韵味十足,顿觉如梦如幻,仿佛天上人间,真乃茶中极品。"

众人见张昭如此盛赞"凌氏茶",迫不及待地品尝起来。孙韶喝完,朝着左手边的张昭说道:"果然好喝!孙韶也是托张公的福,今天第一次品尝!"孙韶比孙权小六岁,受孙权的影响,对张昭极为尊崇。

张昭闻言点头并欠欠身,见大家饮茶后,身心放松,

建德梅城三江口孙韶像

心情愉悦，便站起身来，从怀中掏出一块帛书，走到屏风前，对着孙韶说："请公礼起身厅中，吴王有册封书在此！"

孙韶赶忙起身快步走到大厅中间跪下，张昭打开帛书说道："公礼因长年防御边境征伐山越有功，即日起升任扬威将军，敕封建德侯，仍领广陵太守，负责边境防御与征讨山越。"

孙韶听封后拜谢："末将领命，谢吴王恩典！张公有劳啦！我明日就上感恩帖，感恩吴王的腹心之任，韶当永为前驱，守好边疆，请主公吴王放心！"说完后从张昭手中接过帛书与印绶。

此时，赵咨站起身来，向孙韶拱手道："恭喜侯爷！贺喜侯爷！建德建德，建功立德。孙将军，您的封号不一般啊！"

"是啊！"张昭此时已坐回原处正在喝茶，闻赵咨所言放下茶碗，捋须道，"公礼你在吴魏边境数十年，兼管军事和政治，深知人心向背的重要性，及时采取了一系列安定社会、发展生产的措施，才会有青、徐、汝、沛之民纷纷前来归附的结果。青、徐、汝、沛当时属曹操的地盘，对方百姓闻风归附是你治边守疆成功的最好证明，也是你懂得政治的最好证明。主公认为你守边成功主要是你在边境推行德治的结果，这也是主公最愿意看到的结果。此次，主公在受封吴王之后，第一时间遣老夫来敕封你为建德侯。我想，这既是主公对你政绩的肯定，也承载着主公对你别样的期望。"

"张公谬赞。这一切都是主公的功劳和主公的英明，韶只是执行了主公的意图与策略。"孙韶回道。

"是啊！主公英明！"赵咨站起身来对大家说，"前不久，我受主公派遣，以中大夫的身份出使曹魏谢封。我到达洛阳后代主公拜谢曹丕，曹丕问我说：'吴王是一位什么样的君王？'我回答说：'我们吴王是一位聪明仁智雄略的君王。'曹丕问：'何以见得？'我说：'接纳鲁肃于凡品，这是吴王的聪；提拔吕蒙于行阵，这是吴王的明；获得于禁而不加害，这是吴王的仁；夺取荆州兵不血刃，这是吴王的智；占据三州虎视天下，这是吴王的雄；屈身称臣皇帝陛下，这是吴王的略。'"

"答得好！"大家齐声喝彩。

赵咨继续说道："曹丕接着又问我：'吴王很有学识吗？'我回答说：'吴王浮江万艘，带甲百万，任贤使能，志存经略，虽有余闲，博览书传历史，藉采奇异，不效诸生寻章摘句而已。'曹丕又问：'吴国害怕同魏国为敌吗？'我回答道：'吴国带甲百万，江、汉为池，何怕为敌呢？'曹丕追问：'吴国像你这样的人有多少？'我回答说：'聪明特达者八九十人，像臣我这样的人，车载斗量不可胜数。'"

"先生！您的回答真解气！"众人又是一阵喝彩。张昭说道："赵先生的巧妙对答，维护了大吴的尊严，出色地完成了出使曹魏的任务，也得到了主公的嘉奖，现在赵先生已升任骑都尉啦！"

众人闻言，又是一阵祝贺。此时，侍从进来禀报酒菜已准备就绪。

孙韶大声说道："快端上来！大家一起喝酒庆贺，共同为吴王干杯！"

敕封建德侯

吴臣赵咨说曹丕

3

孙韶虽受封建德侯,但当时并没有明确他的封地在哪里。他早先食邑曲阿、丹徒二县,加之他时刻感恩赐他姓孙列入宗籍的孙家,所以他根本就没在意自己有没有封地,心里只殚精竭虑着保疆安民的事。

可孙权却并不这么想,他心里始终牵挂着为孙韶找一块与他德行相符的封地。对于孙韶,孙权是当他自己的兄弟来看待的。父亲十七岁在钱塘江上擒杀海盗,兄长孙策十七岁就开始独力征战沙场,自己十九岁就坐领江东,而当年孙韶十七岁时的那种果敢、胆略深深地印在了孙权的脑子里。

那是在建安九年(204),孙权之弟、时任丹杨太守的孙翊在宛陵①被叛将杀害。孙韶的伯父孙河②闻报,连夜赶赴宛陵,谴责大都督妫览、郡丞戴员纵容部下行凶,结果被妫、戴二人所害。当时孙韶在京城,时年十七岁,听到消息后,立即组织孙河的部属兵马,加固城防工事,整修战船、武器以御敌。孙权得知宛陵事变后,率部从椒丘③赶到宛陵,平息了叛乱④。在回师的路上,经过京城时已是夜晚,便安营于城外。孙权想试试城内的警备情况,就叫部队佯装攻城,结果城内警报骤响,杀声动地,箭如飞蝗,射伤了不少城外的人。孙权见状连忙下令停止攻城,并派人告以实情才得以止息。

翌日,孙权进城见了孙韶,看到一个活脱脱原来的自己,异常高兴,十分器重他。当即任命他为承烈校尉,统领孙河的部下,食邑曲阿、丹徒二县,并可以自行任命那里的长官,比孙河当时的权力还大。后来,孙权多次召见孙韶,听取他对边防治理的看法,共同制定了"德治边防"的政策。孙韶作为"德治边防"政策的主要制定者,

---

① 今安徽宣城。
② 时任威寇中郎将、领庐江太守。
③ 今江西新建。
④ 时妫、戴已被孙翊旧将所杀。

又是不折不扣的执行者,镇守边疆二十年来,把部队和地方都治理得很好,深得军心和民心。他注意了解敌情,搞好战备,所以屡战屡胜,连魏国边境的一些百姓也来归附,一时徐、泗、江、淮等地,方圆数百里无人居住。

吴黄武四年(225),孙权在夷陵之战后又与蜀汉丞相诸葛亮以政治家的眼光,通过互派使臣,多轮谈判,重又握手言和结成联盟。这次联盟达成之后就再也没有中断过,一直保持到吴景帝永安六年(263)魏灭蜀为止。吴蜀重建联盟,曹丕南下长江无功而返,从而使孙权有了较多的时间考虑内政,发展生产。他任命太常顾雍为丞相,并下诏令给各州郡要求各地"宽息增田"。他在诏令中说:"战事持续时间已经很久了,百姓离开土地不能务农,父子夫妇不能体恤,孤非常怜悯他们。现在吴蜀重订盟约,北方的敌人已经退缩逃窜,境外已没有战事。今后,各地应以宽松为政,让百姓有所休息。各地还应让诸将开荒扩大农田,努力做到耕者有其田。现在孤和儿子们亲自接受一份公田,用给孤驾车的八头牛拉四张犁耕种,虽然赶不上古人,但是也想和大家分担农业生产的辛劳。"与此同时,他还下令开采武昌山的铜铁矿,调集各地的工匠来武昌制作刀剑。

孙权在西山读书台读《庄子》,当读到《山木篇》中"南越有邑焉,名为建德之国。其民愚而朴,少私而寡欲;知作而不知藏,与而不求其报;不知义之所适,不知礼之所将;猖狂妄行,乃蹈乎大方。其生可乐,其死可葬"这一段时,若有所思。他差人给建德侯、扬威将军孙韶送去一封信,让他速来武昌,有要事相商。

4

孙韶接信后,与副将交接了一下工作,立即日夜兼

梦回钱塘的孙权

HANG ZHOU

泛龙舟魏主伐吴

120

程赶到武昌。

孙权在西山太初宫接见了孙韶,陪同接见的有张昭、赵咨、徐盛、孙桓等人。

孙韶见到徐盛先怔了一下,接着连忙跟他打招呼:"文向将军两年未见,一向可好?当年韶年少负气,冒犯将军,还望将军海涵!"

徐盛见眼前这位身材魁伟、相貌英俊的扬威将军、建德侯孙韶说话如此文雅大方,反倒不好意思起来:"侯爷极有胆勇,又常年镇守边疆,深知地利。孙桓告诉我才知道,侯爷经常致力于加强边境防御,派侦察巡逻人员到很远的地方巡逻,打探敌情,因而能预先了解敌人的动静,做出相应的准备,很少打败仗。主公也对我说,侯爷在吴魏边界广陵、淮南镇守多年,不仅深知地利,且对敌我双方的军事、政治情况都十分熟悉。当年之事,还请侯爷不要怪我不能容人之过。"说完朝着孙韶一拱手。

原来在吴黄武二年(223),刘备兵败夷陵,病逝白帝城之后,诸葛亮主动与东吴修好,孙权也派张温入蜀,孙刘两家重修盟约,共同抗魏。曹丕闻讯大怒,欲先发制人,就发战船千余只,水陆兵马十余万,御驾亲征,杀奔东吴。吴王孙权闻报大惊,欲派大都督陆逊迎敌,但因陆逊需镇守荆州,位置重要,不能轻动,就派大将徐盛为安东将军,统兵御敌,并将建业、京口及广陵沿江一带军马都交给徐盛指挥。当时孙韶也在徐盛帐下听令。孙韶主动向徐盛提出在淮南一带主动迎敌的建议,以便发挥吴军的地理优势打败魏兵的军事优势。谁料徐盛早就定下了以守为攻的战略决策,因而一口回绝了孙韶的建议。但孙韶却坚持己见,说:"韶自带兵去江北,与曹丕决一死战,如果不能取胜,愿受军法处置。"徐盛说什么也不同意，而孙韶却偏偏要依此而行，惹得徐盛大怒，要以不听号令之罪将孙韶推出辕门斩首。幸得孙权闻讯飞马赶来救下孙韶。孙权让他向徐盛赔礼，这分明是给孙韶台阶下，可他却不领情，说什么死也不服，并于当天夜里带着自己的三千精兵潜过江去了。徐盛知道后，恐孙韶负气恃勇有失，特派老将丁奉过江接应。魏兵入江后，因天寒浪大，无法进兵，退兵入淮之际，孙韶率军杀到，顿时鼓角齐鸣，喊声震天。孙韶料定魏兵必走此路，早已在此等候。他占据有利地形，以逸待劳，勇猛厮杀，魏兵根本无法抵挡，一时间损兵折将，淹死者更是不可胜数，连曹丕也差点被活捉。又遇丁奉火攻，曹丕更是无心恋战，退回江北。孙韶、丁奉夺得马匹、车仗、船只、器械不计其数。这一仗，吴兵大胜，杀得曹丕心惊胆战，再也不敢觊觎江南。

"见你们两人各自谦逊，孤极为高兴，说明江淮一战，让你们两员骁将都长大了！"孙权说完，哈哈大笑起来。

孙韶、徐盛也相视一笑，齐声向孙权问好："参见吴王！让主公见笑啦！"

孙权让宫女献茶，示意他们大家按序在案几前坐下，说道："这武昌的茶，与武昌的鱼一样，吃了才知道里面的回味。大家看，此茶观之色泽棕褐，闻之香气纯正，尝之醇和甘爽，确实是好茶。孤闻西域人喝此茶已到了'一日无茶则滞，三日无茶则病'的地步。这些年，武昌各地的杀青、揉捻、渥堆和干燥等四道制茶工序已渐成熟。来来来，今天请大家尝尝步夫人精心制作的私房茶。今天若不是迎接公礼来武昌，那恐怕连张公也难喝到此茶啊！"

大家端起茶来品尝，张昭啜了一口，捋捋白须，笑道："今天，老夫要多喝点，十多年了，侯爷还是第一次来武昌。侯爷不常来，老夫也当然无法常喝此茶！"一席话，逗得大家哈哈大笑起来。

"今天啊！张公您不仅有茶喝，待会儿还有酒喝。孤一早就命人去捕江中新鲜的武昌鱼和山上的野味，相信待会儿大家都有口福。"

大家闻言，起身向孙权致谢。孙权又说道："大家都坐下吧！今天的主角是公礼，孤与公礼多年没有见面了。昨晚孤与公礼单独见面的时候，孤询问青州、徐州敌方各屯兵之地的关隘津要，各地的驻兵情况，魏国将帅的姓名，公礼全都特别了解，对答如流，孤非常高兴与欣慰，公礼他没有辜负亡兄和孤的深期厚望。所以孤受封吴王之后，第一件事就是敕封公礼为建德侯，一晃几年过去，孤近日才为公礼找好了食邑之地。"

张昭忙对孙韶说："侯爷啊！主公对您这建德侯极为上心，多次与老夫谈起建德之意。古人云：立德、立功、立言是人生追求的三个最高层次，称之为'三不朽'，而立德又是人生的最高境界。主公敕封公礼为建德侯，建功立德之意不言而喻啊。"

"是啊！"赵咨接道，"建德一词来源甚古，《左传》和《老子》里都提到了'建德'。主公自幼便对此二书谙熟于胸，咨以为主公敕封公礼将军为建德侯，定当有《左传》里的'建功立德，天子建德'之意。"

孙权点头："公礼啊！张公与赵先生所言，正是孤之意。建安十六年（211）孤徙治秣陵。建安十七年（212）石头城筑成，孤便改秣陵为建业，取'建功立业'之意。黄武元年（222），孤敕封公礼为建德侯，正是取'建功立德'之意。"

说完,孙权示意孙韶坐下,啜了一口茶后才继续说道:"公礼!孤敕封你为建德侯后,一直未定你的食邑之地,是因为孤一时未找到可以命名建德县的合适地域。建业作为大吴的政治中心,是天下人建功立业之所,至为重要。建德作为公礼的食邑之地,是孤以德治天下的首善之区,也同样重要。"

孙权环视了一下众人,见大家正凝神聆听,便继续说道:"前几日,孤在读书台读《庄子·山木篇》。当孤读到'南越有邑焉,名为建德之国。其民愚而朴,少私而寡欲;知作而不知藏,与而不求其报;不知义之所适,不知礼之所将;猖狂妄行,乃蹈乎大方。其生可乐,其死可葬'这段话时,孤就在想庄子这段话的内在含义。庄子是战国时期蒙①人,生活在经济文化都比较发达的中原黄河流域。当时的中原战乱频仍,礼崩乐坏,人无信义,巧伪横行。庄子认为这都是因为人有了机巧之心。只有去掉机巧之心,人才能保持真朴之心,只有回归真朴,社会才能安宁有序。建德之国就成了庄子理想中的国度,而他这个理想国度就在南越。虽然从庄子到现在,时间已经过去了五百年,但南越的影子还在。孤受庄子先哲的影响,也为建德县找到了位置。"

张昭接道:"主公莫非想将始新县改名为建德县,作为侯爷的食邑之地?"

孙权淡淡一笑,摇了摇头:"非也,张公!新都郡在公苗太守的治下当前形势大好,不宜擅动。孤要动的是孤的老家富春县。目前富春县的范围太大,发展不平衡,特别是靠近新都郡的西部,山越出没,为老家发展计,孤欲分富春县西靠近始新县的这一带置建德县,设三江口为县治所在,作为公礼的食邑之地。"

①今河南南部。

敕封建德侯

梅城入城口孙韶像

孙韶连忙站起来，欠身拜道："主公！孙韶得故讨逆将军怜爱赐姓孙，列入宗籍，得主公厚爱敕封建德侯，这些都是对孙韶最大的褒奖。孙韶此生以姓孙为荣，以建功立德为业，誓死守护好边疆。主公！孙韶有一请求，还望主公答应！"

孙韶的话，孙权听了感动："有何要求？请公礼尽管说。"

"主公！富春县是主公的老家，也是孙韶的家乡。富春县不同于江东的其他郡县，是孙家的祖业所在。主公！三江口不是您舅母的老家吗？总之，孙韶认为富春县不可再分置建德县。且孙韶常年远在江淮边境，也无暇顾及建德县啊！"孙韶言词诚恳，拱手道。

孙权笑道:"公礼啊!孤是让你食邑建德县,又没让你去当建德长,你急什么?诸位,孤与顾丞相多次谈过,意见也很一致,打算这两年要将江东境内的郡县数量翻倍。县小,才能更好更快地发展。从庄子提出的'建德之国'理想,到五百年后孤设立'建德之县',这是天意,也是期望。孤坐领江东以来,一直施行以德聚人,以德治业。公礼你镇守边境二十年,一直推行以德戍边,成效显著。你一定深知孤敕封你建德侯、设立建德县的深意啊!"

孙韶见孙权置县的决心已定,连忙走到中间跪下叩拜:"韶决不辜负主公厚望,定当一心戍边,死而后已!"

孙韶忠心,早已闻名内外。出于对孙权取名的感慨,赵咨站起来大声道:"主公!国都是政治中心,乃建功立业之处,取名建业,十分贴切。富春乃孙家祖业之本,是建功立德之基,取名建德,非常合适。建业、建德饱含着主公的'德业'思想。赵咨对建业、建德这样理解,

建德侯牌坊

主公以为如何？"

　　孙权将杯中茶一饮而尽，坚定地回道："赵先生之解，正是孤意！"

黄武置县忙

1

吴黄武五年（226）春，富春县北五里，樟岩山。

上月刚升任黄门侍郎的郭成，这几天都会不自觉地走到樟岩山上来，他的心已被樟岩山所吸引。从山脚向上看，只能看见山顶。走上半山腰，只见幽深开阔的半山腰里满是几抱粗的大樟树，树龄都在几百年以上了。这倒不奇，奇的是晴天多了早晨定会起雾，雨天多了早晨也定会起雾。樟树林的水汽氤氲成雾，浮动于山野绿荫间，犹如披满了白絮，等到旭日冉冉升起，雾气清散，黛色的山峦又渐渐露出了原来的雄姿。

一连几天，郭成为樟岩山氤氲如幻的幽静美景所陶醉，内心深处升腾起了百年之后想长眠于此的愿望。他对陪同的富春县长祖远说："祖大人，郭某祖上也算是官宦之家，想当年，献帝拜先父为太博士，授散骑侍郎，尚书左丞府卿，后出任庐陵太守。远祖是燕昭王筑黄金台礼尊的郭隗。但郭某自幼夙负节义，喜欢隐居林泉，平生最为崇仰严子陵先生的高风。所以当董卓乱起，郭某就以'探幽逐胜'的方式躲避政治旋涡，乘舟泛五湖游沧江，以书剑自娱。直到主公鼎足江东后，招延俊秀，聘求名士，郭某因此入世。主公对郭某信任有加，郭某对主公忠心耿耿。去年主公升郭某为武义校尉，令郭某来富春办理析置建德县、新昌县、桐庐县的事情，郭某自然尽心尽力办妥此事。上个月，主公又升任郭某为黄门侍郎，令郭某来富春析置新城县。祖大人，您要理解主公把家乡富春析置成多县的深意。主公审时度势，想让家乡各地尽快发展兴盛起来，县小了发展起来就灵活。"

祖远听罢，附和道："郭大人所言极是。从去年主公析富春置建德、桐庐、新昌三县来看，主公对富春江流域的经略路线是从富春江下游而上，与对山越的征讨是一致的。主公常说'立国江东，三吴为根本所系，经营辟划，不遗余力，而新县林立矣'。扬州为大吴的立国之本，这几年主公增加建制了许多郡县。富春是主公的家乡，去年析置了三县，今年又要再析置一县，富春一分为五，一可以全控富春江，二可以让讨平山越编户齐民工作全面开展起来，三可以让富春江流域迅速发展起来。"

"讲得好，祖大人有如此高见，明天的议事就好议了。祖大人，郭某在想，明天的议事主要议两件事：一是建德、新昌、桐庐三县报告建县一年来的工作，特别要讲一讲在工作中遇到的问题。二是按照主公的意图，让新析的新城县方县长在其他三县前段工作得失成败的基础上开展工作。"郭成接道。

祖远在道旁的一块巨石上坐下说："这几天郭大人来此前都交代只赏景不谈公事，您看看，还是您不知不觉地谈起了工作。黄门侍郎虽只比我这个县长大了两品，但因在黄门内任职，可以直接与主公接触，其任务是护卫、侍从、随时建言、备顾问等，能起相当的政治作用，所以地位十分显要。郭大人能担当此职，可见主公对您是多么的信任与肯定啊！"

"正因主公对郭某有知遇之恩，郭某更加要将主公交代的事情做好。明天的事，已有多天的准备，应该没什么问题，三位县长今天下午都会到吧！"

"都会到，驿馆也都已经安排好了。"

郭成点了点头，又道："方县长此次随郭某从武昌赶来，一路舟车劳顿，今天就让他好好休息，下午就不要请来议事了。"

祖远朝郭成看了一眼："郭大人又在怜惜下属了，您每晚处理公务、读书、思考问题都要到凌晨，每天早上又那么早起来，毕竟您也是五十开外的人了，悠着点，身体可不是铁打的。"

郭成笑道："郭某就是每日恪尽职守，夙夜为公也无法报答主公的知遇之恩，能在主公的家乡做事，就是累死也值。"

祖远也笑道："黄门侍郎是主公身边不可或缺的人，您可不能累死在这里。主公怪罪下来，下官可担待不起。"

郭成拍了拍祖远坐着的那块大石头，认真地对他说："郭某年轻时，走过的地方也不少，但没有一个地方像这里，让郭某每日都心驰神往。祖大人，你看山顶的主峰圆润，独高众峰，站在此处看两侧的岩石，奇峭无比，四顾皆空，壁立峻绝。郭某极为心仪。"

"郭大人好生厉害,这里世传为赤松子炼丹之所。您既然如此喜爱这里,就出钱在此处买上一块地,结庐卜宅而居,岂不惬意?"

"郭某自进入主公帐下那日起,就算断绝了往日的闲情逸致。再说,黄门侍郎,陪侍主公左右,哪有时间在此长留啊!只期待百年之后,能长眠于此。"

"此话当真?"祖远双手一衬,从巨石上跳了下来,拍拍手道,"世务所羁,祖远理解得很。郭大人若想百年之后魂归于此,实乃富春之幸。请您写好墓莂①,其他的事就交给在下来办理。"

郭成拱手:"那就拜托祖大人了。"

2

自黄武四年(225)春天析富春县置建德、新昌、桐庐三县后,祖远的政务便大大减少。此地是孙权的家乡,山越不敢在富春的山里聚众作乱,加上去年风调雨顺,富春江两岸的稻谷又喜获丰收,富春县更呈现出一派祥和的景象。祖远向孙权呈报修缮富春县衙的方案,得到了孙权的批准。

富春的县衙已有四百多年的历史。前221年,秦始皇统一全国,推行郡县制,设立富春县,隶属于会稽郡,这是在富春江畔设立县级机构的肇始,富春江因此而得名。富春县衙那时就在现在这个位置上建造起来,经过历年的改扩建,才有了如今这个规模。

县衙坐落在观山与小隐山之间的平冈上,背靠小隐山,面朝富春江,左手石头山,右手镬子山,进入县衙大门,

---

① 墓莂,俗称墓别,即古代买地券,其砖文内容与买地契约有关。莂,旧指写于竹简之契约,从中剖开,双方各执一半,用作凭证。或说莂字有"信约"之意,"破莂"即"剖莂",相当于一式两份,买卖两方各执一份。

有三棵参天大樟树，枝繁叶茂，浓荫蔽日，环境十分幽静。经祖远修缮一新的县衙，房子外部进行了粉刷，房子与房子都用回廊进行连接，现在下雨天也不会湿鞋。室内几个议事大厅也进行了改造，增加了一个图书室。在三棵大樟树周围修筑了栏杆，栏杆前矗起一座高大的假山，假山上还建了一个玲珑的八角亭，坐在八角亭中品茗赏月，与龟川赏月有着不一样的味道。

宽敞明亮的议事大厅内，熏香从新添置的立式香炉的细孔中丝丝缕缕地飘出来，一位侍女正在窗边的古琴前弹奏。侍从们见黄门侍郎郭成、富春县长祖远、建德县长陈翊、新昌县长秦擢、桐庐县长吕承、新城县长方畿等都已按主次坐定，便两两托盘进来，将食物、酒钵、杯盏等摆满了众人面前的案几。然后，除斟酒的侍从外，众人连同弹琴者都一并退到厅外。

郭成坐下开口第一句话就说："诸位，根据惯例，一万户以上的称县令，一万户以下的称县长。郭某今天召集的都是县长，说明各县都在一万户以下，希望过几年都变成一万户以上，那郭某相邀的可都变成了县令啦！"

郭成的这一番开场白，逗得大家哈哈大笑起来。

祖远站起身来说道："郭大人，众位大人，今天，富春县很有幸，将大家从各县请来，向郭大人面呈置县后的工作。大家都要开诚布公，有什么说什么，想说什么就说什么，想怎么说就怎么说，不要有所忌讳，郭大人也不是外人，大家本来也都是一家，都是从主公家乡富春分出去的嘛！主公亲自将富春县一分为五，没别的意思，就是想着县分小了，发展就快了，老百姓的日子就好过起来了。"

"对!祖大人说得很坦诚。"郭成接道,"众位大人,主公根据行政管理的需要,将领土划分成有层次的区域,这一过程称作行政区划,这些区域即行政区域。主公这几年在扬州新置了七个郡、三十四个县,在荆州新置了五个郡、九个县,在交州新置了三个郡、一个县,在广州新置了四个县,现在大吴已有二百多个县,二百多万人口。黄武置县的目的,就是各地的稳定、开发与繁荣。郭某基本参与了主公置郡废郡置县废县的全过程,目睹了主公的忧国忧民。主公此次黄武置县主要遵奉百里之县作为划定幅员的原则,再以居民的数量多少作为调节,人口稠密的地方,县的面积就划得小一些,人口稀少的地方,县的面积便划得大一些。去年,郭某来此划分建德、新昌、桐庐三县的幅员就遵循主公的这一原则,接下来划分新城县的幅员也要遵循这个原则。"

"郭大人所言极是。"新昌县长秦擢站起身来说道,"我认为方圆百里为一县正合适。新昌置县后,百姓们来县衙向我反映,现在来县衙一天能来回,原先去富春县衙,两天时间骑马来回都很紧张,若是走路根本不可能。对于我们官员来说,下乡劝课农桑一日来回非常合宜。对于我们的百姓来说,进城缴纳租赋一天完成也非常方便。"

建德县长陈翊也站起来接道:"我们建德县是去年从富春县析置而成的,作为建德侯公礼将军的食邑之地,当地百姓备感荣耀。原来藏匿在山里的山越有的惧于孙将军的威名逃往他县,有的感于因孙将军而置县出山来入军入户。现在老百姓的干劲很足,耕田种地,相信用不了几年,建德县会成为富庶之地。就像前面郭大人说的,我这个县长因户数的剧增马上要改为县令啦!"

陈翊说完,大家又是一阵哈哈大笑。

郭成道:"当初主公提出要将家乡富春县一分为五的时候,很多大臣都想不通,主公就说:'郡县太大,偏远的县到郡里去有个一千二百里或一千五百里的行程,偏远的乡亭到县里去有个三四百里或一千里的行程,因此治理会十分困难。大的郡县发生死伤凶案盗窃案等,县令县尉追查抓捕都会比较麻烦,而且老百姓当差服役路途太远,负担很重,吏员履职省亲要往返千里,很不方便。上级官员巡视属县公文往来,都受影响。总结起来,第一由于富春县地域过大,行政管理极为不便,为了治政有效,富春县要分。二是一个县的领域不可过大,尤其是在人口逐渐增多、经济发展之后更需要将县域划小。析置多县的事就从富春县抓起。'主公的一番话说得众人哑口无言,现在从各地呈报的情况来看,主公置县的举措是完全正确的。主公的这一举措能推动大吴各地的快速发展。子长啊!只是你的领地越来越小了。"

"越来越小不要紧,只要越来越富就好。"祖远接道,"说实话,对于县令长来说,县越大,自己的权力范围就越大,正是求之不得的事情。但对于主公的家乡富春县来说,要好字当头。对于富春县的百姓来说,要富字带头。祖远的工作做得好不好,就看老百姓的日子过得好不好。"

祖远的话一说出口,众人都为之击掌。

郭成激动地说道:"子长啊,你的这番话若是让主公听到了,还不得高兴地连紫髯都一翘一翘的。接下来,大家再详细说一说每个县的工作与遇到的困难,有什么问题,我们今天都商议解决掉。明天,郭某与刚置县的新城县方县长去新城,实地看一看,郭某回去才好向主公交差啊。"

3

富春通往新城的官道两旁，群山连绵不绝，地势开阔的地方都是一块接一块的稻田，田里已种上了禾苗，绿油油的一片一片在春风中摇曳，山脚山腰较平坦的地方种满了果树，有橘树，有桃树，有梨树，还有杏树。能开花的树，树上的花开得正闹，一扎一扎、一簇一簇地竞相开放。山花满山遍野地绽放，有红的，有黄的，有白的，还有紫的，数不清，什么颜色都有。山里的春光真美。

郭成一行刚才还在策马奔腾，现在实在抵不过美景的诱惑，不由自主地拉住缰绳，让马儿沿着山道慢慢地向前行走。

约莫走了半个时辰，面前出现了两条溪交汇的一块开阔的地域，方畿对郭成说道："郭大人，我们到了县衙所在地了。"

郭成朝四周看了看，赞道："好地方，群山环绕，二水交汇，地呈莲花，方大人，你有眼光啊！"

方畿拱手道："郭大人过誉了，我也是按置县的要求选择县衙，我前段时间来选址时，一到此地就觉得此地就应作为新城县的县衙。郭大人，你往那边看。"方畿用手指着左侧的那座山，说："那是青龙。"指了指右侧的那座山说："这是白虎。"又指了指前面的朝山，山顶如平冈，突然有两座山峰下凹，指着下凹处说："那是笔架山，此处建县，今后文风定然兴盛。"

郭成本人就是堪舆的高手，见方畿讲得有理，点头道："方大人为后世学子选了个好地方呀！"

新城县治遗址（今富阳新登镇）

方畿不好意思道："方畿班门弄斧，让郭大人见笑了。"

郭成连声说："郭某说的是真心话，这地方确实不错。"

方畿道："郭大人说这里好，我们心中就有底了，地方确定下来，就可择日动工了。走，郭大人，到我们的临时县衙去看看。"

"临时县衙？有意思！"

两个人说说笑笑，朝着临时县衙走去。说穿了，临时县衙就是一幢废弃的民房。郭成一行走到民房前，看到临时县衙里已是一片忙碌的景象，有几位官吏打扮的人见方畿回来，忙从里面迎了出来，为首的一位拱手对方畿说道："方大人，您回来啦！县衙建造的方案与图纸都已弄好，等着您去定夺。"

郭成脱口道："方大人，你们的效率可真高啊！"

为首的那位见郭成说话，便问方畿道："这位大人是……"

方畿连忙介绍："这位是朝廷新任的黄门侍郎郭大人。"

众人朝着郭成拱手道："郭大人。"

方畿指着他们几位说道："郭大人，这位是吴县丞，这位是袁县尉，这位是徐主簿。"

郭成心情大好，看着方畿笑了笑，对着他们说道："不错！你们做得不错！你们方大人选人用人的眼光不错！郭某来时，主公交代，这几年析置的新县对稳固江东有重大关系。所以，一方面要十分重视县官的人选，任人唯贤；另一方面又相应地对县级政区官员的设置要做一些调整。县的佐官有县丞、县尉、主簿等。县丞为县令长之副，县尉负责分判众务，催征租赋，主簿则掌文书簿计。县丞、县尉与主簿等职，虽然位低，但一般也要由当地有影响的人来担任。若有人提携荐举，几经升迁就可能入朝的郎官、御史，再出为郡太守，如干得好可入朝为丞、郎。众位大人，你们可要跟着方大人好好干啊！"

他们虽说在县里个个是能干的人，但毕竟是第一次

梦回钱塘的孙权

HANG ZHOU

郭成墓神道柱

见到朝廷的大官，有些拘谨，由吴县丞红着脸朝着郭成大声说道："我等自当努力，绝不辜负主公的厚望。"

郭成回道："对！人要努力，努力可以造福百姓，努力可以光耀门楣。这是主公经常说的一句话。你们应该都知道，主公的父亲早年就做过盱眙、盐渎和下邳三县的县丞。主公十五岁时就做了阳羡县长。你们只要努力，不仅新城能建设好，而且你们的前途也会好。"

众人连忙拱手，异口同声道："谢郭大人栽培。"

郭成又道："你们的起步已经很不错了，好好干！新城又是一片充满生机的沃土，好好干！郭某的幼子郭据现在是掌管征收、储藏、转运等的器库管理员，又远在长沙郡，条件还没你们好。"

见郭成感慨，方畿马上接道："郭大人，您是主公身边的红人。您的儿子，前程是不可限量的。虽然现在远在他乡身居小吏，恐是您对他的磨砺而已。"

此时，徐主簿从房里拿来了建造县衙的方案和图纸交给方畿，方畿粗略地看了下，双手递给了郭成。

郭成细细地看了许久，拿着图纸对大家道："诸位，由于现在还属于特殊时期，主公根据实际需要建立了一些特殊的政区制度，如遥领、虚封、典农校尉、典农都尉，屯田都尉等。一些新体制的出现，都不是凭空创立的，必定有它的前身或渊源，然后逐渐成形，初具规模，进而成为定制。主公分富春县也是反复权衡利弊而做出的决定，郭某相信，黄武年间析分富春而置的建德、新昌、桐庐、新城四县，连同富春五县，在主公的特别关注下，政区面貌很快就会焕然一新。"

4

吴黄武年间（222—229），孙权闻奏江东有童谣在唱："天子当兴东南三余[①]之间。"便改余暨县为永兴县[②]，以示东南吴地永远兴盛之意，并任命陆凯为县长。

吴黄龙元年（229），孙权因功敕封郭成为永兴、富春二县侯，食邑五千户。郭成对两县的发展，作出了很大的贡献，以至于他死后演变成了地方上的保护神，两县民众奉他为邑祖、邑主[③]，对他进行祭祀膜拜，说明他在永兴、富春两县的老百姓心目中有着崇高的地位。

[①] 余姚、余暨、余杭。
[②] 这个永兴在唐天宝元年（742）被改为萧山，以县治西一里的一座名叫萧山的山而得名。
[③] 邑主原意是县邑的长官，这里指的是城隍爷。

临设东安郡

1

全琮,字子璜,吴郡钱塘县人。他的父亲全柔,汉灵帝时被举为孝廉,补任尚书郎、尚书右丞,董卓之乱时,弃官回到钱塘。不久,扬州刺史征召他为别驾从事。后来,朝廷派人带着诏书来任命他为会稽东部都尉。孙策来到吴郡后,全柔率先带领部下归附,孙策上表朝廷举荐他为丹杨都尉。孙权任车骑将军时,任用全柔为长史,又调任桂阳太守。全柔去世后,孙权任命全琮为奋威校尉,拨给他士兵几千人,让他去讨伐山越。后来全琮设立校尉府招募兵士,得到精兵一万多人,进军屯驻牛渚,逐渐升任偏将军。

建安二十四年(219),荆州之战打响前,关羽率兵围攻樊城、襄阳,全琮向孙权上书陈述可以讨灭关羽的计谋。孙权这时已经和吕蒙暗中商议袭击关羽,因担心泄漏机密,所以压下全琮的奏章不作答复。等到擒杀关羽后,孙权在公安举办庆功宴,才对全琮说出了实情:"你上次上书陈述的这件事,孤虽然没有答复,但今天这个胜利,里面也有你的一份功劳,是你的上书更加坚定了孤的计划。"于是封全琮为阳华亭侯。

梦回钱塘的孙权

HANGZHOU

全琮像

①假节，假（义同"借"）以符节，持节。是皇帝将节借给执行临时任务的臣子使用，用以威慑一方，当这个臣子临时任务完成后，这个节将会被收回。古代使臣出行，持节为符信，故称。

黄武元年（222），魏国派遣水军向洞口一带大举进攻，孙权命令驻扎在牛渚的全琮就地御敌。双方的军营隔着长江遥遥相对，魏军不断用快船前来偷袭，全琮常常身穿铠甲，手持兵器，不停地观察敌军动静。不久，魏军数千人在江面上出现，全琮突然率部出击打败了魏军。孙权因功升全琮为绥南将军，进封钱塘县侯。

黄武四年（225），全琮又因功被授予假节①的权位，并兼任九江太守。

2

吴黄武五年（226）七月，柴桑。

柴桑是一座充满战斗气息的临江小城，前可依九江城，后可靠建昌城，离武昌两百里，战略位置重要。柴桑城外驻扎着上个月攻打石阳撤下来的多支军队。一到晚上，篝火燃起，一座接着一座，把江面都染得通红。有的军营中大家借着篝火在操练，有的军营中大家围坐在篝火旁听着军官在讲解，还有的军营中大家杯盏觥筹正在庆祝。这个军营是钱塘侯、绥南将军兼九江太守全琮的军营，全琮刚打了胜仗，追斩了魏将尹卢，斩获颇多。庆祝的将士中并没有全琮，全琮此时已被吴王孙权接到了城里。

柴桑城外人声鼎沸，热闹非凡，城内却相对安静，居民都点着灯按照战时的规定锁着门待在家里。大街上干净整洁，若不是时常会走过一排排巡逻的兵士，丝毫看不出是一座边陲的军事重镇。

孙权下榻的官邸在城的西边，出城沿水路、陆路都可以快速抵达武昌城。为确保官邸安全，四周都建起了高大的碉楼，都有兵士日夜值守。院子当中有几棵高大的松柏，每一棵都要两个成人才能抱得过来，遮天蔽日，加上楼台林立，回廊众多，还有小桥流水，整个官邸显得格外的幽静。前面一进四合院是孙权议事、读书、设筵的地方，后面一进四合院是生活休息区。这晚，孙权在书房接见了全琮。顾雍、张昭、全琮跟着侍卫走进去的时候，瞥见孙权正拿着一卷书跟吕范、朱然几位说着什么。孙权看到全琮进来，连忙走下台阶迎接他。全琮见孙权亲自过来迎接自己，慌忙跪倒在地，拱手道："末将参见大王！"

"不必多礼，快快起来！"孙权一把扶起全琮，高声对他说："子璜啊！此次你一举将魏军击败，扬我大吴威名，你真是孤的良将啊！"

全琮谢道："大王，末将只是做了我分内的事情罢了。末将的夙愿是希望有朝一日跟随大王杀到洛阳，建立帝业，那样我才算是不枉此生了。"

孙权重重地拍了拍全琮的铠甲，笑着说："好好好！子璜啊，你忠勇可嘉，孤今日就要再给你机会建功立业，绝不能让你的才华埋没。"

全琮再次拜倒："多谢大王！"

孙权请全琮起来，示意他坐在顾雍的旁边，他死活不肯坐，定要在一旁站着。

孙权笑道："今天，你是大吴的大功臣，理应坐在丞相的旁边，难道还要孤来再扶你一次吗？"

"末将不敢。"全琮乖乖地欠着身坐在顾雍的旁边。

孙权道："人家都说子璜向来谦虚，从不骄矜，今日一见，果真如此。"

全琮又站起身来，拱手道："大王过誉啦！末将实在惶恐！"

"好！孤不谈这个。"孙权示意全琮坐下，然后不无感慨地说道，"人生难料啊！今年春天，孤还在跟曹丕打仗，没想到只过了几个月时间，他竟撒手西去，应该刚满四十岁吧！孤比曹丕还大五岁呢。没想到，孤开始要跟曹家的第三代曹叡打仗了。孤感觉，曹家已一代不如一代，现在正是进攻曹魏的好机会。奈何孤这几日接报，丹杨、吴郡、会稽三郡的山越又起来叛乱，攻陷三郡的属县，好似后院起火啊！"

张昭接道："主公！当年三征黄祖，前两次功亏一篑，就是山越捣的乱，二十多年啦！山越问题就像感冒一样，屡屡复发，断不了根，所以山越问题不可小觑。主公！安内才能攘外。"

顾雍也道："主公！趁魏国新丧而进攻人家，不符道义，加上现在山越又乱，依老臣之见，应先遣将派军讨平山越为上策。攘外必先安内，不把内部打成铁板一块，争天下就是个笑话。"

孙权笑道："那是当然，孤岂能容忍山越在内作乱，山越当然要平，但曹魏也要攻。"

朱然插话道："主公的意思是内外要同时进行？"

"对！"孙权道，"对曹叡，孤要亲征。对山越，就交给子璜了。"

全琮闻言倏地站起身来，激动地说道："谢大王信任！末将以为曹叡年轻，资历尚浅，根基不稳，大王不但可以御敌于国门之外，还可以主动出击开疆拓土，以大王之威，定能横扫天下，定鼎中原。至于境内山越之乱，请大王放心，全琮自当竭尽所能尽快平息，一定让大王无后顾之忧。"

张昭不等孙权说话，声色严厉地对全琮道："全将军，你毕竟年轻，不知腹背受敌的凶险。"

孙权看了张昭一眼，耐着性子说："张公，话也不能这么说，山越作乱也不是一天两天了，自兄长渡过长江平定江东那一天开始，山越就时不时地叛乱，这是老大难问题了。过去公苗对付山越有一套，现在子璜对待山越也有办法。连书上也是这么写的。"

孙权拿起刚才那卷书，先问全琮："子璜，你率军驻扎牛渚已经有几年了？"

全琮回道："启禀大王，已经十年有余了。"

"真是巧了，牛渚到富春，一百多年前的《越绝书》里面就写着了。"孙权边说边展开书卷读了起来，"政更号为秦始皇帝，以其三十七年，东游之会稽。道度牛渚，奏东安①，丹阳，溧阳，鄣故，余杭，轲亭南。东奏槿头，道度诸暨、大越。以正月甲戌到大越，留舍都亭。取钱塘浙江'岑石'。"读到这里，孙权停了下来，对着全琮说道："子璜，你长年驻扎牛渚，孤的老家在富春。东安为富春的古地名，早在秦始皇嬴政之前就已存在。东安这名好啊！现在将山越作乱的县划出来设置一个新的郡，郡名就叫东安郡，取其'江东安定'之意。"

"江东安定，才能进图北方。"全琮喃喃道。

"说得好！"孙权斩钉截铁地说道，"新安江流域山越横行，孤就以老家富春的古地名东安为郡名，所辖全为三郡恶地，共有十个县，包括吴郡的富春、建德、桐庐、新昌、新城、钱塘、临水七县，丹阳郡的於潜一县，会稽郡的新安、太末二县，郡治设在富春县。子璜，孤任命你为东安郡的太守，专事讨伐山越。"

全琮连忙跪下，道："谢大王信任！末将当竭尽所能，

---

① 即后来的富春。

早日让'江东安定'。"

孙权转头对顾雍道："顾公，尽快办完手续，发布诏命。子璜，你也尽快去东安郡履职。"

"是，大王！"全琮拱手道。

3

全琮在去年七月担任东安太守之后，便马不停蹄地赶到富春县，在富春县衙召开军事会议，布置征讨山越的事宜，好在大多数县长是行伍出身，在征讨山越方面都有一定的经验。全琮给军备基础薄弱、山越活动猖獗的太末与於潜县以及新昌县，加配了军官与军队。特别是太末，全琮强调说："本侯最佩服平定山越的名将贺公苗将军，想当年他担任太末县长时，诛杀恶徒，扶持良民，一个月的时间就将太末境内的山越叛乱全部平定。现在太末山越之乱又起，元刚将军与陈县长务必求达实效，将境内山越之乱彻底平定。"

"是！不彻底平乱，无颜再见侯爷，也无法向吴王交代。"荡寇将军薛济与太末县长陈攸同时站起身来表达决心。

全琮布置完各县的作战任务后，还向大家宣布了一件事，全琮说："富春是吴王的家乡，吴王对家乡有别样的情怀。这些年来，吴王为了家乡更好更快发展，先后析西南部置建德县和新昌县，中部置桐庐县，西部置新城县，富春县地域小了，但发展快了，所以吴王将郡设在富春县。东安郡的中心就是富春县，这一点大家都要十分清楚，各县必须以拱卫富春的安全为治军施政的第一要务。大家分头行动，本侯除巡查各县外，接下去的主要任务是按照吴王的意图修筑东安郡城。郡城位置已经勘查好了，就选在县北十八里，那里地势开阔，是个建城池的好地方。希望大家明年来的时候，能到新郡城去议事。"

全琮是一个说干就干的人，自去年那次会议后，他就发动各县的百姓利用农闲时间轮流来到东安郡城工地赶工期，仅仅用了一年的时间，一座高大坚固雄伟的城池就展现在人们的面前。

黄武六年（227）秋，东安郡城全面竣工，全琮便将治所从富春县衙搬到了东安郡府，并在那里召集十个县的掌管军事的将官开会，若县长脱不开身的，由县丞代替前来。

郡府里的议事大厅因为是新建的，里面宽敞明亮，外面白墙黛瓦，廊檐下修竹掩映，大门前挖了一个大池，上面修筑了四座小桥，通向池中央的"东安亭"。整个郡府尽显江南水乡的韵致，大家参观后交口称赞。

待大家坐定，全琮先说话了："一年过去了，通过大家禀报，各县在平定山越之乱上都取得了不少的成绩。富春县、建德县、桐庐县、新城县等四县的山越基本平定，像这四个县接下去的工作应转到吴王提出的'强者为兵，羸者入户'的工作上来。请大家切记，一定要处理好出山的越民与编户民之间的关系。加入军队的，我们的军官对他们要一视同仁。编入齐民的，县里、邑里、亭里都要保障他们的合法权益。我们要不遗余力地镇抚山越，也要不遗余力地做好山越的安置工作，只有这样，各县的山越之乱才能得到根治，才能确保各县的长治久安。"

"侯爷所言极是。"大家异口同声地说道。

全琮又道:"吴王常说,国以民为本,民以食为天。君非民不立,民非谷不生。大家在平定山越的同时,一定要抓好生产。去年春天,吴王下令说:'战事持续时间已经很久了,百姓离开土地不能务农,父子夫妇不能互相体恤,孤非常怜悯他们。现在北方的敌人已经退缩逃窜,境外已没有战事,下命令给州郡,宽松为政,让百姓有所休息。'此时,陆伯言将军因为到处缺少粮食,上表吴王,请求让诸将开荒扩大农田。吴王答复道:'很好!现在孤和几位王子亲自接受一份公田,用给孤驾车的八头牛拉四张犁耕种,虽然赶不上古人,但是想和大家分担农业生产的辛劳。'吴王都这么说、这么做了,本侯觉得大家回去后应该要带这个头,做出表率,让百姓心服,今后乱就会少了。"

全琮讲到这里,富春县长、祖茂的孙子祖远站了起来,拱手道:"侯爷说得对。远记得辞别吴王来老家来担任县长时,吴王跟远说:'能打仗,能治民,执法严明,不畏恶势力,这样的人才适合对付凶猛剽悍的山越。能亲民,能爱民,能替百姓着想,能帮百姓做事,这样的人才适合治理为我们提供衣食的百姓。孤让你去做家乡的父母官,是让你像父母一样的爱护百姓,保护百姓。只有这样,家乡的百姓才能当你是父母官。'这几年,远就是按吴王的要求做的。"

全琮听完,点了点头并用欣赏的目光看着祖远,道:"子长做得好啊!这几年富春的发展很快,大家来时都看到田野里到处都是金灿灿的稻穗了吗?民富才能国强。本侯一直主张'育残余之民,阜人财之用。财须民生,强赖民力'。诸位,要重视民生啊!国之有民,犹水之有舟,停则以安,扰则以危。请大家切记切记!"

众人异口同声道:"我等记下了,侯爷!"

全琮又问:"大家看看,还有什么问题,需要本侯一道来解决?"

话音刚落,新昌县长秦擢站了起来,禀道:"侯爷,新昌去年才置县,因新都郡在公苗将军的治下,山越要么乖乖出山,要么偷偷潜入新昌。相邻的建德县因为是孙侯爷的封地,山越也不敢去。一时间,新昌的群山之间成了多地山越的藏身之所,特别是毛甘、陈仆的残部来到新昌山里之后,更是助长了其他山越的气焰,掠夺百姓财物,对抗县衙,时不时地给你心肝胆肺的来一家伙,特别是今年春天以来,变得更加有恃无恐。"

全琮听后,皱了一下眉头,道:"子更,你刚才说的毛甘、陈仆的残部,现在的头目叫什么名字?你估计他们有多少人?"

"回禀侯爷,现在的大头目毛苦,是毛甘的弟弟,二头目叫麻保。新昌山里的山越加起来大约有五千人吧。"秦擢答道。

全琮听了对大家道:"各县在加固防守的同时,必须制定严格的赏罚措施,采取恩威并用、剿抚兼施的策略,征讨叛逆招诱降寇。各县平定山越之乱后,首要任务是挑选精壮青年充实兵力,其次把余下的老幼病残者全部编入民户。现在还属非常时期,大家明天就回各县去,恪尽职守,早日彻底平定山越。"

大家闻言起身拱手说:"是!"只有秦擢面露难色。

全琮朝秦擢看了一阵,突然大声道:"秦县长,请你放心。本侯明日就率一万大军随你进驻新昌,尽快帮新昌讨平山越。"

秦擢伏地就拜,激动地说道:"多谢侯爷,待讨平山越后,擢一定好好发展生产,决不辜负吴王置新昌县时的'新兴昌盛'之意。"

4

新昌城坐落在县西的平川高坡上,一则地理位置偏西,有利于进剿山越,再则县衙依山坡而建,便于防守。新昌之地多山丘少平川,地势十分险要,其地山越长期剿而不绝,近两年来似乎越剿越多,新都郡和建德县的山越都跑到这里来了。

全琮率领大军到达新昌,今大军分成东西两路在新昌城外驻扎,随即在新昌县衙议事厅召开军事会议。

全琮见大家坐定,先开口说道:"新昌是个好地方,吴王在此置县时就考虑到此地是连接始新县和建德县的

新昌县治遗址

纽带，要将此地建成'新兴昌盛'之地。本侯一路进来，见此地群山环绕，溪流穿境而过，土沃田肥，树茂潭深，若无山越作乱，确有置身世外桃源之感。"

"是啊。"秦擢站起身来回道，"侯爷，新昌处处是景，土地肥沃，若山越族民也出山来耕作，将有鱼米之乡的意境。"

全琮道："大王分三郡恶地十县置东安郡，也是希望山越族民能走出山，不要再侵扰乡里。一年多来，其余九县的山越之乱已渐平息，昨日得报，加入军队的山越精壮青年达万余人，编入齐民的山越老弱病残已有三万余人。这是个不小的成绩啊！接下来，我们要重点对付的是新昌境内的山越。这几天，本侯在思索：如何在双方都没有伤亡的情况下，山越民能出山，毛苦、麻保等头目又能被擒住？昨日，当秦县长告诉本侯这里是永平里的时候，本侯心里就有主意了。"

"愿闻其详。"众人拱手道。

"本侯打算分三步走：第一步，先派出探子探清毛苦、麻保藏身的山头，迅速包围，阻断其与外界的一切联系，让其恐慌，待其派人下山来打探消息的时候，将这些人抓住，通过审问，画出山上的各隘口守备情况的地图，再由这些人引导大部队上山，一举歼灭之。"

众人点头，全琮继续说道："第二步，大部队分片区围剿，说是围剿，但要围而不剿，层层逼近，遇到山越种植的庄稼就要用足够的兵力保护起来，让山越民种而无法收获，他们自然会铤而走险来抢。那时，全线收网，军队分成两路，一路将这些山越民抓获出山，另一路直抵他们的老巢，将老幼病残保护出山，与先期出山的山越民团聚。第二步要尽量做到双方都没伤亡。"

众人点头称"是"。全琮点了点头接着说道："第三步，本侯此次带来的一万军队中抽调出懂农耕生产的五千人分区域全部转为军屯，与出山的山越民一起劳作到明年春耕结束，什么时候山越民安心了，就什么时候再撤回富春。捕获的山越精壮青年全部编入另外五千人的队伍当中，一带一或二带一地进行训练，不仅在军事上训练，也要在思想上训练。什么时候训练到与我方人员一样无二了再什么时候回防富春。本侯想，唯有这样三步走，新昌的山越之乱方可彻底根除，大家以为如何？"

秦擢激动万分地站起来说道："侯爷三步，步步高招，擢先替新昌百姓谢过侯爷。"

全琮一拍大腿，也站了起来："既然大家同意三步走方案，下面我们就来分工细化，尽快实施。"说完走到了《新昌山川舆图》前。

按照全琮的平定新昌"三步走"方案，新昌山越族人的叛乱很快就平定了，新昌地区的社会秩序和农业生产得到了恢复。全琮挑选精壮青年充实兵力，得到精兵三千余人。

5

黄武七年（228）三月，孙权征召全琮率军返回牛渚，撤销东安郡，东安郡实际存在一年零九个月。孙权仍让全琮以绥南将军、钱塘侯的身份兼任九江太守。

全琮在东安郡城富春县接令后，与富春县长祖远进行了交接，移交了大量的文书、档案，按照孙权的意思，钱塘、富春、桐庐、新城、新昌、建德、临水等七县仍属吴郡，於潜仍属丹杨郡，新安、太末二县仍属会稽郡。

钱塘三月，正是山间山花烂漫的季节，各种山花竞相开放，色彩斑斓地点缀在浓密的参天大树与悬崖峭壁之间，显得分外地春意盎然。钱塘的山间小路上，一群乡民正在抬的抬，挑的挑，砌的砌，在一座高大巍峨的坟墓前干得热火朝天。墓碑上镌刻着的"汉故桂阳太守全公之墓"十个大字在阳光的照射下显得熠熠生辉。这是全琮父亲全柔的墓地。

这些天，全琮在返回牛渚的途中在家乡钱塘作短暂停留。自他的父亲全柔去世，他已经有十多年未回家乡走走看看了，便萌生了修祭父母亲坟墓的想法，并在老宅宴请了邻里乡亲。让人意想不到的是，全琮在宴会上竟将老宅里所有能搬动的东西全部送给了邻里乡亲。乡民哪好意思收下，个个都固辞不受。

这时，族中长老站起身来对全琮说："侯爷啊！您是我们的钱塘侯爷啊！四方邻里乡亲、平生旧知、宗族六亲都以侯爷为荣啊！您宅中的东西万不可尽施乡里，我们会守护好您的宅第和祖宗的坟墓，大家都期盼着您回来多住住，在家乡多走走看看。"

全琮闻言显然很感动，哽咽着说："乡亲们，本侯生是钱塘人，死是钱塘鬼，本侯有今天，是钱塘的父老乡亲和山山水水养育了全琮。全琮平生信奉'舍得'二字，常谓有舍才有得。想当年，全琮显名发迹全凭一个'舍'字，也感谢先父成全成就了全琮信奉的这个'舍'字。"

全琮噙着泪向大家讲起了二十年前发生的"舍得"故事。

那是在二十年前，全柔曾派全琮送几千斛米到吴郡，要他用米换回一些其他物品。全琮到吴郡后，将米全部散发出去，空船返回钱塘。全柔大怒。全琮却叩头说："琮认为全家要买的东西并不是急需之物，而那里的士大夫正处于贫困危难之中，所以就把米全部接济了他们。没有先向父亲禀报，是儿子的错。"全柔转怒为喜，认为全琮的想法举动不一般。当时中原的士人为避战乱逃到南方，投靠全琮的数以百计，全琮拿出全部的家产来接济他们，与他们同甘共苦，于是远近闻名。

全琮讲完故事，高声对乡民说："诸位父老乡亲，全琮一心为国，还望大家成全我这一'舍'字。全琮此去牛渚，恐又要征魏。今日能将老宅东西'舍'空，也是助我在前线无后顾之忧啊！"

乡民全部跪倒："我们的好侯爷，您可要常回钱塘啊！"

纪胜石人岭

1

对孙权称帝有着重要影响的石亭之战，爆发于吴黄武七年（228）①。这一年初，蜀汉丞相诸葛亮又率大军北伐，但却遭遇街亭之败，无功而返。登基不久想有一番作为的魏明帝曹叡，却动了借机南侵孙吴的念头。派谁去打孙吴呢？曹叡很快就把宝押在了扬州牧、大司马曹休的头上。原来，魏国军权牢牢控制在曹真、夏侯尚、曹休等宗室将领的手中，但曹真镇守雍凉，夏侯尚已过世，现在能派的、离孙吴最近的只有曹休了。

曹休坐镇淮南，战功卓著。就在一年前，曹休攻破了魏吴边境重镇皖城，收降了孙吴名将韩当之子韩综。不过由于曹操时期为了防止沿江诸县落入孙吴之手，对军民实行内迁政策，反倒把庐江、九江、蕲春、广陵等沿江郡县的居民逼得渡江投吴，致使江北一带人烟荒芜，合肥之南唯有皖城。

为了打破魏吴之间多年僵持的局面，曹休一直试图找到一条捷径，能够绕过濡须口，直接插入孙吴的腹地，让孙权前后不得相顾。但北人对江南地理不熟，要行此策，

① 魏太和元年、蜀汉建兴七年。

周鲂像

就必须有人带路。

起初，曹休的计划是策反江南深山密林之中的山越之民，将他们培养成未来王师南下的"带路党"。曹休这一招还挺管用的，位于鄱阳湖以东的鄱阳郡一下子乱了起来。鄱阳太守王靖因为镇压不力，被孙权砍了脑袋。王靖之后，孙权任命亲信周鲂继任鄱阳太守。周鲂是个不怕死的主儿，自孙权十五岁担任阳羡长起就一直贴身保护着他，形影不离，深得孙权的信任。此次孙权见事态严重，才将周鲂放了出去。周鲂没有辜负主子的期望，到任后便一举端了山越宗帅彭绮的老巢，彭绮也被周鲂活捉了。通过拷问彭绮，周鲂知道了曹休的计划，其心中萌发了诈降曹休之策，得知孙权从武昌来到钱塘，便带了人马押了彭绮向着钱塘飞奔而来。

2

孙权此时为何身在钱塘？其一，他是为铸钱而来。虽然铸钱事宜一向由老成持重的吕范负责，但此次是改铸大钱，孙权放心不下，坚持要亲自监造。其二，他是为祭祀外公外婆而来，外公外婆都葬在钱塘石人岭，距离孙权上次为外公外婆扫墓已整整过了二十年了。

连日来，孙权一刻也不得闲。一是亲自参与修缮了外公外婆的坟墓，并领着在身边的两个儿子孙和、孙霸进行了祭祀。一直以来作为孝子的孙权，对亡故的亲人也十分的敬畏，祖父祖母葬在阳平山、太祖母葬在白鹤峰、父母亲葬在曲阿，兄长孙策葬在丹阳，孙权只要挤得出时间都会去墓地修缮祭祀。二是到县衙前的铸钱监与吕范等人商谈铸大钱的事。孙权做事喜欢亲力亲为，他对大钱的设计提出了许多修改意见，有些细节上的修改让吕范等人自叹不如。修改成熟后，孙权一锤定音，要求铸工们日夜铸造，争取早日发行。忙完这两件事后，孙权才有时间在临时改作官邸的外婆家门前散起步来。

外婆家坐落在石人岭的北边，离龙门山很近，因岭上有许多像人睡着在地上一样的石头而得名。石人岭顶有一石凉亭，往西可以直达余杭，往南可以通富春。别看石人岭高峻陡峭，却是山中钱塘县通向外界的必经之地。石人岭不仅自然景色清幽宜人，而且还有众多的摩崖石刻。

孙权置身于曲径通幽的古道上，左边有一条溪涧，迂回曲折，涧水清澈，泉声淙淙，溪边灌木丛生，奇花异草争芳斗艳，珍禽异鸟栖息出没。右边翠谷中有一深潭，一泓碧水波平如镜，山色云彩，倒映潭中，别具林泉之趣，充满诗情画意。

平日里日理万机的孙权难得有如此的悠闲，一种回归自然的感觉油然而生。他突然停下脚步，望着山下一望无际的钱塘江，大浪滔天，大鸟击空，不禁念起了《史记·秦始皇本纪》中记载的秦始皇来此地的一句话："至钱唐，临浙江，水波恶，乃西百二十里从狭中渡。"转头跟陪侍在侧的朱桓说："休穆，你可知道当年始皇嬴政是从何处过江去祭大禹的吗？"

朱桓见孙权突然发问，摸不着头脑，挠挠头尴尬地回道："主公，末将没读过几句书，答不上来。"

孙权笑笑，指着南边的方向说道："休穆，你知道吗？穿过石人岭就进了富春境内。"

"那是主公的家乡。"朱桓连忙接道。

"不错，始皇嬴政也可走这条道，但他们是船队来的，见钱塘江江面宽水波恶，所以船队溯行而上，在富春的江面狭窄处过的江。那附近有座山叫鹿山。孤对嬴政的后半生无好感，对他的前半生还是极佩服的。荡平六国，一统天下，这才是不世之功。现在，赤壁之战都已过去整整二十年了，孤还是三分天下得其一，刘备曹丕早已称帝，现在刘禅曹叡接着做皇帝，孤心不甘啊！"

孙权说着说着激动了起来。朱桓知道孙权心中的苦楚，但又不知如何劝慰才好。

此时,士兵来报:"报,主公,鄱阳太守周鲂将军在院外求见。"

孙权已接书信知道彭绮被捉一事,但没想到周鲂来得那么快:"好,好,来得正好!休穆,随孤一道去迎接子鱼。子鱼立大功啦!"

3

临时官邸内灯火通明。孙权留周鲂吃了晚饭,此时已坐在大厅闲聊。

聊着聊着,孙权的表情突然凝重了起来,长时间看着两位自己亲手培养起来的得力干将。周鲂、朱桓被孙权看得一下子紧张了起来,连忙站起身来,立刻走到中间跪下拱手道:"主公,有何难事吩咐末将去办就行。"

"你等不会明白的,不会明白的,不会明白的。"孙权喃喃自语道,连说三遍"不会明白的"。周鲂、朱桓更加惶恐,头更低了,俯在地上不知如何回答。

许久,孙权才回过神,缓缓地走下榻来,一手一个扶起伏在地上的两位爱将:"今晚,咱仨推心置腹地谈谈,来,咱仨坐在一块儿聊。"

三人相互携手走到屏风前的主榻坐定,孙权拍拍两人的肩膀道:"孤自建安五年坐领江东,至今已整整二十八年了,称王建号也已经有七年了。建安十三年,咱江东将士用鲜血换来的赤壁大胜,致使曹操退回北方,刘备拥有蜀地,天下三分咱江东居功至伟。但时至今日,魏汉两国早已称帝,而孤的身份却一直是个吴王,且这'吴王'还是当年曹丕施舍给孤的,实在是尴尬啊!前段时

纪胜石人岭

孙权领众据江东

间群臣上表劝孤称帝,但他们当中又有几个知道孤心中的苦衷啊。"孙权说完,重重地叹了口气。

周鲂、朱桓长期待在孙权身边,知道他的心思。赤壁之战导致了天下三分,孙权和刘备各自占据了吴地与蜀地,而曹操仓皇逃回北方开始休养生息,短时间内也无法对南方用兵。此后的二十年间,魏汉吴之间也发生了不少战争,比如关羽进攻樊城,水淹七军,大意失荆州,关羽死后,刘备攻打吴国的夷陵之战,但这些战争都没有左右当时的局势,三国的疆域都相对稳定。政治上则发生了曹丕逼迫汉献帝禅让,建立了魏国。刘备在大臣的劝说下登基称帝,建立蜀汉。七年过去了,三国之中只有孙权还未称帝,倒并不是孙权不想称帝,而是一直没有称帝的契机。曹丕说起来是汉献帝禅让给了他皇位,而刘备本就是汉室宗亲,听说汉没有了就自己称帝来延续汉王朝也名正言顺。只有孙权,既不是宗亲也没有禅让,七年来一直在等一个可以称帝的机会。

今天,机会终于来了。

朱桓挺着胸脯,低声对孙权说道:"主公,您的心思末将明白,只是一直没等到机会,现在机会来了。末将以为,我们应趁曹叡刚登基未稳之际打一场大胜仗,让魏吴从此分道扬镳,主公也可早日昭告天下,成为吴国的皇帝。"

听了朱桓的言语,孙权的眉目舒展了许多,只是没有说话,示意朱桓继续说下去。

朱桓继续说道:"如今,曹休主掌淮南,对魏作战,其实就是和曹休打仗。据末将了解,曹休好大喜功,以前打过一些无关紧要的小胜仗,小胜过马超、张飞,自我感觉良好，时常想带着他的曹家军渡过长江来消灭我们。这一次，机会来了，诸葛亮又一次发动了北伐，牵制了曹叡的注意力。主公，我们应当逮住这个机会，好好与曹休打一仗。相信以我们现在的军力，曹休必败无疑。"

"休穆之言，甚合孤意。"孙权边说边给朱桓、周鲂面前的酒盏添上酒，然后双手捧起酒盏，对着二人说，"来来来，孤敬二位一杯。毕竟是自己人，知道孤的心思。"说完，孙权一饮而尽。看着孙权喝完，二人端起酒盏连忙咕咚咕咚喝下去。

孙权看着两人喝完，对着周鲂说道："子鱼，你此次立大功啦！平定了鄱阳山越，活捉了宗帅彭绮，摸清了曹休的动向。"

"都是主公英明！王靖死后，主公若不把我派出去做鄱阳太守，周鲂哪有机会立功啊！"周鲂欲起身跪谢，孙权一把按住。

孙权小声道："子鱼，你在密函上讲曹休起初的计划是策反彭绮，让彭绮给他曹军带路从而深入我江东腹地。"

"是的，主公。"周鲂回道。

孙权接着道："孤这些天一直在想，能否对彭绮赏赐重金，许以将军之位，让他去诱骗曹休，把曹军带入我们的埋伏圈，以便我们围歼之。子鱼、休穆，你们以为如何？"

见孙权突然提出这样一个设想，周鲂、朱桓一时不知怎么回答，怔怔地愣在那里。孙权微微一笑，起身道："二位好好想想，孤去后院净个手。"说着轻轻地走向屏风后面。

见孙权离开，周鲂突然有了想法，拍拍朱桓的肩膀道："休穆兄，我晚饭时酒多了，现在也想去净个手。"朱桓是个老实人，以为周鲂日夜赶路闹了肚子，连忙说："快去，快去。"

4

等周鲂走到后院茅房前，孙权刚从茅房出来，正打算洗手。见周鲂进来，孙权先问道："子鱼，多日赶路一定是累了，这么急来后院见孤，是告退还是净手呀？"

"主公，刚才在大厅发问，末将不是没有想法，只是怕隔墙有耳。"周鲸见孙权发问，连忙拱手道。

"子鱼多虑啦！孤这里绝对安全，休穆是自己人，绝对可靠，但小心谨慎总是好的。来，咱们进茅房谈。当年要不要打曹操，降战两派议论纷纷，子敬与孤密谈于茅房，孤也是在茅房下定决心的。"孙权拉着周鲂说完，小声地笑了起来。

周鲂弯着身跟着孙权进了茅房，拱手道："主公，那我今晚就仿鲁故将军再来一次茅房密谈，让主公下定决心打曹休。"

"好！"孙权拍了拍周鲂的肩膀，小声道，"打曹休是一定要打的，就是怎么个打法？是让你、伯言、休穆、子璜率军直接去打，还是让被俘的山越宗帅彭绮去引诱曹休进伏击圈再打？这个必须要先定。"

"主公考虑得甚是。但末将以为，彭绮虽是宗帅，却声名不显地位不尊，且其人狡黠善变、反复无常，让他去诱骗曹休上当，绝无可能，或许还会放虎归山坏了大事。"周鲂望着孙权一字一句地说。

在昏暗的灯光下，孙权望着周鲂坚毅的神情，道："看来，子鱼早就想好对策啦！"

周鲂拱手回道："要使曹休中计，须末将诈降方可。一来鄱阳郡地理位置重要，乃曹魏欲深入吴地的门户。二来末将乃一郡之首，末将欲降，曹休他可以得将得士得地盘。末将诈降，对曹休才具诱惑力。只是……"

见周鲂欲言又止，孙权接道："只是孤对子鱼信不信任的问题，对吧？记得孤初任阳羡长，才十五岁。子鱼你是阳羡的孝廉，又跟孤同龄，孤到任不久就把你招来担任功曹，这一晃就三十多年啦！你子鱼是什么样的人，孤还不了解吗？孤对子鱼绝对信任。"

听了孙权的这一番话，周鲂的眼眶情不自禁地湿润了，作揖道："末将当赴汤蹈火肝脑涂地以报主公。既得主公信任，末将明日就秘密返回鄱阳，去诈降曹休。"

"好！"孙权又拍了拍周鲂的肩膀，坚定地道，"诈降曹休，非同小可。诈降之事，一要秘密，你知孤知，不能让第三人知道。为让曹休的细作相信孤不信任你的传闻，孤与你之间不应有联络官，而只有去鄱阳调查诘问你的郎官。二要做像，把诈降的戏份做足，从明天开始，孤可要开始做不信任你责难你的戏喽！"

"主公英明，只有如此，曹休才会深信不疑，关键时刻末将也要学学周故都督,来他一场苦肉计。"

"子鱼放心去诈,诈得越像对方才会越相信,只要把曹休大军引入鄱阳,孤便令伯言率主力歼灭之。子鱼,此役胜负,全仗你此举能否得手!切记,孤与你之间的联络,绝不能用信函,而是要用郎官的口信。"

"记下了。末将当竭尽所能不负主公重望。"周鲂跪下,小声但坚定地说道。

"好!孤在钱塘静候佳音。"孙权连忙扶起周鲂。

5

曹休自有了袭吴的念头之后,对吴地将领的一举一动变得异常关注。他派出大量间谍深入孙吴各地搜集情报。一段时间后,情报陆陆续续地传回来。曹休从众多密报中得出一条重大信息来,自己密切关注的鄱阳郡出现许多异常情况。好像孙权不怎么相信骁勇善战的周鲂。曹休是如何知晓这一条重要线索的?原来派出去的间谍送回来五条有关周鲂受责的信息。间谍们在信息中说,近段时间,孙权多次派郎官来到鄱阳调查周鲂,周鲂的属下尽被找去谈话。

孙权在查究周鲂的事,曹休一开始是不相信的。后来,派出去的间谍一而再再而三地报告周鲂受调查的事,曹休半信半疑了。信的是自己的间谍多次报告同样的信息,疑的是会不会周鲂与孙权搭台在给他演戏。曹休毕竟是经历过大风大浪的,当年曾被曹操誉为"曹家千里马",可不是个头脑会发热的人。从赤壁之战到现在的二十年间,曹休见过的诈降多了去了。假的比真的还真,让你相信感动得流泪,最后却掉了脑袋。但鄱阳处在扬州与荆州之间，这地理位置实在是太重要了。若曹休率大军从这里打进去，孙吴非吃瘪不可。曹休认识到，要想建不世之功，对周鲂那里的风吹草动绝不可视而不见、置之不理。这些天，曹休的心里总有一个声音在喊："周鲂受查，若是真的，那就太好啦！"

直到有一天，在鄱阳的间谍又送来一则密函，曹休对周鲂的受责深信不疑了。间谍在密函中说："属下亲眼所见周鲂在鄱阳郡门之下割发谢罪。"在身体发肤受之父母的年代里，周鲂被逼割发谢罪，不论换作谁都会相信是真的，割发甚至可以代替杀头，是对人的最重惩戒。特别是曹家人，对头发看得特别重，当年曹操也是用割发来表忠心的。见鄱阳的事态已至此，曹休坐不住了。

经过几天的思考，曹休将义子曹兴叫到跟前，面授机宜。之后，曹兴秘密赶往鄱阳。曹兴原是个孤儿，父母皆死于战火。曹休见他可怜便将其带回军中抚养。曹兴头脑灵活，办事精干，深得曹休信任，后来便认作义子，赐了曹姓。可以说，曹兴是曹休的绝对心腹。

等待的时间过得特别慢，曹休的内心也是从未有过的焦急。自夏侯尚过世后，宗室能领兵打仗的只剩下他和曹真了。但在新皇曹叡的眼里还是比较看重曹真，自己不得不屈居军界二号人物。如果这回自己能拿下鄱阳，直插孙吴腹地，这样的不世之功会让自己的地位更加坚不可摧，且还会上升至一人之下、万人之上。曹休虽焦虑，但一想到这样的结果，还是很开心的，觉得自己的运气实在不错。

半个月后，曹兴终于回来了。

6

曹兴不是一个人回来的,还带来了周鲂的两位亲信。一位是董岑,周鲂的女婿,任鄱阳县丞;另一位是邵南,周鲂妹夫的儿子,任郡功曹史。周鲂遣这两位亲信来送归降的密函,足见周鲂的小心。

曹兴给曹休的单独密报是这样说的:曹兴好不容易见着周鲂,他却不相信曹休会主动来招降。他认为,曹休若不是真心招降,到头来自己会酿成孙权那里回不去、曹休那里又去不成的苦果,落得个死无葬身之地的悲惨下场,所以此事容他再想想。但一连多天,周鲂都没有回音,曹兴多次秘密去见周鲂说明曹休的心意,才使得他下定决心归降曹魏。曹休闻言大喜,夸奖曹兴办成了一件大事,待事成之后重重有赏。

曹休让董岑和邵南先带口信回去,对周鲂的弃暗投明、归顺曹魏表示热烈的欢迎。

自此,每隔三天,周鲂就遣董岑、邵南送来密函,向曹休汇报归降的准备情况。周鲂在密函上说,孙权已经制订了秘密计划,大举伐魏:吕范、孙韶打淮南,全琮、朱桓打合肥,诸葛瑾、步骘、朱然打襄阳,陆逊、潘璋打梅敷,中军大营设在石阳,粮草尽在安陆。看到这封密函时,曹休如获至宝,兴奋得坐不住了。这周鲂知道得也太多了,连孙权在哪里都写明了。这周鲂也太实诚了,他在密函中还建议,曹休应从皖城之南渡江,这样自己便于接应。江东过去不止一次有人想归顺,但每次都功败垂成,他认为是没有外援的缘故。周鲂坚信,这一次若里应外合,大事必成。只要打垮孙权主力,江东各郡便会望风而降。曹休将周鲂函中有关兵力调动的部分看了又看,想了又想。

曹休决心赌一把。碧眼儿啊碧眼儿，跟老夫比，你小子还嫩了点。等着瞧吧，老夫吃掉你已经指日可待啦。只是曹休不知道，周鲂写这些降信的时候手都抖死了。要不是孙权通过郎官授意，就是打死周鲂也不敢这么写。

周鲂派董岑、邵南一共送来七封信，在第七封信上请求曹魏在事成之后，给将军印五十纽，侯印五十纽，郎将印一百纽，校尉印二百纽，都尉印二百纽。曹休嫌多，董岑解释说："曹将军，有章好办事。闻风归顺、劝降归顺的，都要发颗印章，给个头衔。这样的话，扫平孙吴的进程会大大加快。"最后一句话听着舒服，曹休认为周鲂忠心可嘉，对军中事务了如指掌，也很有军事头脑，对部下也极体恤。总之，曹休对周鲂这个人是很满意的。

董岑、邵南走后，曹休的奏请曹叡也批下来了。曹叡同意曹休的判断与建议，并且除了让曹休率领步骑兵十万人向皖城进发接应周鲂，还命司马懿率军向江陵方向移动，贾逵率军向东关方向移动，令三路大军同时进发，收降鄱阳后三路大军立即夹击孙吴腹地，打孙权一个措手不及。

对于曹休的奏请，朝中贾逵是不相信的。贾逵说："吴人是很狡猾的。周鲂这个人我知道，是个智谋之士。曹大司马招他归降，我看一定是诈降。"但是，曹叡还是相信了曹休。

孙权得到军报，得悉曹叡令三路大军南下，立马召集陆逊、朱桓、全琮等骨干将领在钱塘临时官邸召开紧急军事会议。

7

孙权知道曹休已经上钩，也深知此战对江东的影响至为关键，所以他在军事会议也没透露周鲂诈降的风声。但陆逊、朱桓、全琮三人是何等聪明的人，心中早就在猜测周鲂这个关键因素，连同周鲂，他们四人都是江南士族钱塘望族，知道合力打赢此仗的意义。二十年来孙权用江北士族周瑜、鲁肃、吕蒙等人打赢了关乎三国鼎立的赤壁之战、荆州之战与夷陵之战，三任都督前后逝去。现在到本土士族出大力的时候了，所以陆逊等人心有灵犀般地重视本次战役：打赢了，主公有了时机与底气称帝；打赢了，江东士族将大大巩固自己的地位。

在孙权讲了当前局势后，朱桓把考虑得很成熟的想法缓缓地讲了出来："主公，曹休因是皇亲国戚而被重用，并不是有勇有谋的名将。此次与我主力交战必败无疑，败后必逃，逃走时肯定经由夹石、挂车。大家来看。"朱桓说着走到了军事地图前，指着夹石、挂车两个地方继续说道："大家看，夹石、挂车这两条道路都很险要狭隘，我们只要用一万士兵用柴断路，就可把曹休的部众全部俘虏，甚至还可生擒曹休。请求主公用我的部队断路，若蒙上天神威，使得曹休自动投降，我们就可以乘胜长驱直入，进而攻取寿春，割据淮南，划分许昌、洛阳，这是万世难逢的良机，切不可失啊。主公！"

"讲得好！休穆！"孙权回过头来，问陆逊道，"伯言，你意下如何？"

陆逊似乎想也没想就回道："不可！主公，此次曹魏乃有备而来，曹休、司马懿、贾逵皆是不可小觑的人物。曹魏三路大军压境，我们应集中军力快速伏袭中路曹休，其他两路回援之际，我等还是要以撤防为主，万不可长

周公瑾赤壁鏖兵

驱直入，置身险境。"

其实孙权早就听出了陆逊的言外之意，保险第一，不管在什么时候，万不能置江东士族于险境。

此时，孙权既不理论，此话题也不继续，只说了句："兵贵神速，你们三人要即刻率军出发。"

陆逊、朱桓、全琮知道孙权马上要下令，连忙站起身来，孙权看着三人用坚定的声音说道："伯言，孤现在任命你为本次迎战大都督，全权调度各部兵马，赐予代表最高权威的黄钺；休穆为左路都督，子璜为右路都督，各率三万精兵进发石亭设伏迎敌，三路人马先锋你们自己去定。即刻出发，昼夜兼程，不得有误。"

"得令！"三人异口同声。

"休穆、子璜，你们先去准备。伯言留一下，孤还有话要交代。"孙权摆手道。

"是！"朱桓、全琮拱手退出。

孙权望着朱、全二人有力的步伐，点了点头。之后，在陆逊的耳边轻声交代了周鲂的事，陆逊会意。

8

八月二十八日，曹休终于见到了自己很想见的那位周鲂。周鲂见到曹休的第一句话就极为务实："大司马，鄱阳城中五千士兵已集结完毕。"周鲂声若洪钟。

说实话，周鲂模样英俊，身材高大，举止得体，堪称完美。曹休见了很高兴，但脸上却不表露出来，故作试探性地说道："子鱼啊！你用七封信完成了我们的会面。日后江东若是打下来，老弟的官爵定在老夫之上。但朝中贾逵却不相信你会真心归降，老弟你怎么看？"

周鲂也不辩解，只是拔出剑来要自刎。这可如何使得，曹休连忙制止。周鲂叹道："我对孙权忠心耿耿，孙权不相信我也就罢了。大司马欲救我于水火，我欣喜万分，日夜准备，精心谋划，以报大司马知遇之恩。没想到，见着了大司马，大司马却不信我。"

说完，周鲂难过得又要自杀。曹休连忙一把抱住他，求饶似的说道："老弟老弟，老夫是说着玩儿的，千万别当真。日后征吴，还要老弟你出大力呢。"

周鲂连忙跪下，泣道："谢大司马的知遇之恩。"说着从胸襟内掏出一缕头发，颤抖着哽咽道："鲂昔日在鄱阳城下割下父母所遗之发来表达忠心，孙权却照样不明白我的忠心。今日我将此忠心献给大司马，献给大魏。"

这下，曹休放心地大笑起来。

9

此刻，大都督陆逊、左都督朱桓和右都督全琮正在调兵遣将，一场伏击战将在石亭拉开。

曹休大军听从周鲂的建议，在石亭驻扎。第二天，军士来报："大将军，成千上万的吴兵在山口一带出现。"

"周鲂不是说前面没有吴军的吗？"曹休闻言还是大吃一惊，"快去把周将军叫来。"

原来当曹休接近石亭时，其实已经发现了吴军的异动，东路的贾逵来报未发现东关方向的吴军，从而判断吴军主力一定聚集在石亭。曹休此时若继续挺进，定要吃大亏。一旁的蒋济坐不住了，站起身来劝曹休撤退。但曹休自恃兵马众多，又是魏国精锐，若现在就这样撤退，感觉太没面子，命令继续驻扎，择时前进。

此时，刚才那位军士气喘吁吁地跑进大营来禀报："大将军，不好啦！周鲂跑啦！"

曹休闻报，暴跳如雷，吼道："周鲂小儿，居然敢戏弄老夫，老夫定要将你碎尸万段！"吼归吼，打仗不是开玩笑的。曹休吼完后就冷静下来了，擦擦脸上冒出的细汗，急令张普率两万人去石亭南设防，薛乔率两万人去石亭北设防，自己率大军中路设防。

布置完毕，曹休高声令道："来就来吧，谁怕谁？老夫定要他陆逊小儿有来无回。弟兄们，我军三倍于吴军，又兵强马壮，只要我们突破合围，敌军就会不战自乱。石亭一战，消灭吴军主力。"

被曹休一叫嚣，士气还真有些上来了，将士们齐声喊道："石亭一战，消灭吴军主力！"

但陆逊更棋高一招。他令朱桓、全琮各率三万人从石亭山两边包抄到曹休寨后，自己率主力正面进攻，想要生擒曹休。

黄昏时分，战斗打响。张普还未看清朱桓，就被朱桓斩于马下。薛乔还未看清全琮，也被全琮斩于马下。

魏军一时大乱。朱桓、全琮都是善于打硬仗、打恶战的孙吴大将。朱桓以胆略勇猛著称，全琮智勇双全，临阵杀敌，奋不顾身。两人打起仗来，都是不要命的主儿。狭路相逢勇者胜，吴军以排山倒海之势向魏军猛冲，魏军将士纷纷丢盔弃甲，遗尸累累。

陆逊亲率大军正面出击，曹休阵营大乱。曹休挥剑命令将士拼命抵挡，怎奈吴军已经占据了有利的地形，魏军主力被困住根本施展不开，一时士气崩溃，败象已很明显。曹休大叫了几声："谁敢退缩，格杀勿论！"之后也选择了慌乱出逃。当时的场面，怎一个乱字了得。

陆逊挥剑一指，大声说道："兄弟们，传令下去，诛杀曹休者封五千户！"将士们听后如潮水般涌上前去。

正当曹休部众全线溃败之际，贾逵率领援军及时赶到，曹休才侥幸逃脱。

为何贾逵会在此时出现在石亭？原来，曹休上书请求深入吴地以接应周鲂，曹叡命令贾逵率兵向东关进发，与司马懿一起从东西两翼呼应曹休。贾逵上奏："贼兵在东关没有防备，陆逊肯定会在皖城集合部队，大司马深入与敌作战，必败无疑。"对于贾逵的忧虑，曹叡没有引起重视。

贾逵于是部署各将领水路陆路缓慢行进，以便随时接应曹休。得知曹休在石亭设寨驻扎，连忙召集骨干亲信商议，贾逵说："大司马此次在石亭驻扎，对内路绝，进不能战，退不能还，置自身于危险的境地，咱们不能见死不救。我们只有救下大司马，才能不让司马懿独掌军权的阴谋得逞。也只有我们及时救援，陆逊才会退走，不然会危及夹石。"众将同意。于是贾逵死令全军急速向石亭靠拢救援曹休。

梦回钱塘的孙权

HANG ZHOU

陆逊石亭破曹休

不到半日，陆逊、朱桓、全琮三路大军已将曹休大军赶至夹石，已斩杀、生擒曹军一万余人，缴获牛马驴骡车辆上万，以及几乎全部的军资器械。

正当陆逊想进一步扩大战果之时，贾逵率援军赶到了。几近绝望的曹军重燃斗志，反过来与贾逵大军一起冲杀吴军。陆逊见两军进入相持，难以全胜，便下令部队撤退。

曹休见战事渐渐稳定平息下来，才长长吁了口气。自此，贾逵率军据守夹石，供给曹休士兵粮草，曹休部队才慢慢振作起来。起初，曹休与贾逵关系不好，此次山险路窄的石亭差点成为曹休的葬身之地，全仗贾逵及时救援才得幸免于难，曹休自然感激贾逵。但石亭之战后，曹休背上的毒疮发作，没过多久就死掉了。

石亭之战，是继赤壁之战后，孙吴对曹魏取得的最大的一场胜利。

10

孙权一直挂心石亭那边的战事。但他是一个用人不疑、疑人不用的人。他相信陆逊、周鲂他们一定能战胜曹休。

石亭大捷的消息，是周鲂日夜兼程赶往钱塘向孙权报告的。激战进入尾声，陆逊看到大局已定，便请周鲂先行南下报捷，以免孙权挂念。

这时，孙权在从金沙涧的铸钱监回石人岭的路上。此时，缕缕薄雾从山下冉冉升起，远山变得朦朦胧胧、影影绰绰。一会儿工夫，山岭之间已变得云山难分，云浓似山，山淡似云。孙权走到山腰，回过身来眺望远方，絮掩群峰，若沉若浮，茫茫一片。

孙权走上石人岭，站在岭上一块方圆数十步的平地上，脚下是滚滚钱塘江，身后林木茂密，像极了家乡富春江上的严子陵钓台。想当年，光武帝刘秀中兴汉室，不忘同窗故友严子陵，希望他帮助自己光大帝业，结果严子陵坚辞不受，在富春江边筑钓台隐居。节操虽然高尚，但朝廷却少了一位相才。何其可惜！自己幸得周瑜、鲁肃、吕蒙、陆逊四任大都督，打赢了赤壁之战、荆州之战、夷陵之战和此次未定胜负的石亭之战。正想着，报子响亮的声音传来，说是前来报告的子鱼将军的船已靠岸，孙权喜不自胜，连忙命令部队下山迎接。

周鲂没待船停稳，就一个箭步跳下船，拉过码头侍卫牵着的马跨上就往山上急奔。没跑出几步，就瞧见孙权领着部众已到了面前。周鲂心头一热，正待下马，不料孙权竟然疾步上前抓住马鞍，亲自把周鲂扶下马来。这异乎寻常的尊敬表示，使在场的诸人惊羡不已。孙权拉着周鲂的手上山，走到一块高约四尺、青润玲珑的灵石旁站定了，指着灵石对周鲂说："子鱼啊！你大捷归来，定要摸一摸这块灵石，这块灵石名叫撑腰石，相传此石有保腰护腰的功效，挑夫到此都要摸一下。孤每每看到这块撑腰石，都会想起父兄与死难将士在为我们撑腰，大吴将士和江东百姓在为我们撑腰。"孙权说完，一簇人不约而同地向着撑腰石虔诚跪拜起来。

众人在议事厅坐定之后，孙权方露出笑容道："子鱼啊，孤在这石人岭待了整整三十六天，终于等来了石亭大捷的消息，刚才孤亲自扶你下马，足以显耀你的石亭之功了吧！"

纪胜石人岭

周瑜定计破曹操

不料周鲂竟回道："还不够。"众人一听，莫不愕然。周鲂站起身来，拱着手大声解释道："主公，江淮乃我江东与曹魏两家的必争之地，进可北伐曹魏，挥师西蜀，退可凭借长江天险守护江东。此番石亭大捷，江东将士们的士气达到了顶点，我等再次恳请主公顺应天意民心尽快登基为帝，那才是我等最为显耀的事啊！"

孙权不禁拍掌大笑起来。他听懂了周鲂的话外之音是希望自己早日称帝。是啊！曹丕、曹叡父子已是魏国两代皇帝，刘备、刘禅也已是蜀汉两代皇帝，三国之中只有他孙权还未称帝。这倒并不是他孙权不想称帝，而是没有称帝的契机。他在等一个机会。现在机会终于来了，石亭大捷后江东声势大振。虽然此战看起来并没有夺城掠地，但实际上对全国的政治局势产生了深远的影响。孙权已看到了这一点，只是他没有当众说出来，但还是难抑高兴之情，开心道："此次先谈纪功，待回武昌犒赏三军之后再言称帝。诸位，相隔二十年，对曹魏的两场大战，都在孤的手上大胜。赤壁大胜，孤叫公瑾都督刻石纪胜。此次石亭大捷，公瑾都督与子敬都督都已阴阳两隔，那就由孤亲自来纪胜吧！"说完，拿起一支大笔饱蘸浓墨挥毫写下"石亭纪胜"四个大字。

"主公英明，大吴威武！"此时，在铸钱监的吕范也闻讯赶来了。

"吕公，孤正想派人去请您，不想您却到了！孤想请您亲自押运钱塘铸钱监刚刚铸造的大泉新钱作为军饷即刻给伯言他们送去，既是军饷又是奖赏！"孙权站起身来对吕范说道。

吕范一拱身："老臣遵命！"

石人岭摩崖

孙权拿着"石亭纪胜"的题字走下台阶，对吕范说道："吕公，把这幅字带上，命伯言择石镌刻。"

吕范双手拿着题字，端详了一会，道："主公的字越发俊逸了。主公，其实这字刻在此处即可。"

"噢？"孙权不解地问，"为什么？"

吕范接着说："主公，您忘了我们现在身处钱塘石人岭。主公您想，伯言、子鱼他们在江淮石亭大败曹休，您又在钱塘石人岭坐镇指挥，二石相系此战，这不是天意是什么？"

"哈哈！吕公之意，是用石人岭纪石亭，以家乡连江淮，好提议！就这么定，今天就去刻！"孙权的脾气就是说干就干。

那一日，临时官邸后的巨崖下围起了护栏，工地的大门紧紧关起，谢绝参观。里面热火朝天的干活儿声此起彼伏，咚咚咚，叮叮叮，当当当。三天后完工，孙权放下工作，连忙过来验收工程质量。

只见石崖上镌刻了两排大字——"石亭纪胜"，"黄武七年岁在戊午八月三十日"。书法刻工俱佳。孙权很满意，对着群僚说："本来想请书圣皇象来写，但他人在武昌，来往不方便。石亭大捷，重要得很，所以孤就自己题了，怎么样？还不错吧！"孙权的书法，在当时也算得上实力派。

孙权说完，又看了一眼自己的题刻①，再回头眺望着山下烟波浩渺的钱塘江面，若有所思。许久，他对身边的诸葛瑾说道："诸葛公，您去将范子高先生请来，孤有重要的事与他商议。"

"是，主公。"诸葛瑾领命而去。

①孙权在石人岭留下的题刻，经一千七百多年的风吹日晒雨淋，已荡然无存，但却被宋《太平寰宇记》《舆地纪胜》，明《钱塘县志》《西湖游览志》等典籍记录了下来。

钱塘添书香

1

石人岭孙权临时官邸，灯火通明。

范奕看看屏风上的两句话陷入了沉思。屏风上写着："能用众力则无敌于天下矣,能用众智则无畏于圣人矣。"显然是主公孙权的笔迹。范奕知道孙权自统事以来，以此为指导，确实做到了用众力集众智来共同完成建国兴邦的大业。周瑜、鲁肃、吕蒙、陆逊这江东四杰中，除了周瑜是孙策发现的人才外，其余三人的才能能够得到尽情地施展，建立不世之功，都是孙权善于识人用人的结果。

范奕正想着，孙权已快步走进大厅，洪亮的声音先传了进来："子高先生，让您久等了，刚才武昌那边传来密函，孤紧急处理了下，怠慢啦！晚饭吃了吗？"

范奕连忙迎上前去，拱手作揖道："主公！您日理万机，还要抽时间接见在下，在下万分感动。吃啦吃啦！义封将军带我去吃的。"

"那就好！不能让我们的先生饿肚子。"孙权拉过范奕的手,两人携手向前,"子高先生,有一事孤还须当面表达歉意。您父亲,孤的老师范先生过世时,孤没能来送他老人家一程,现在想来实在有愧于先生的教诲啊!"

范奕闻言连忙伏地泣道:"主公!您不能这么说,您系军国大事于一身,南征北战,救江东百姓于水火。家父生前常言,他众多的学生当中,数主公最有大志,能授业于您,也是家父的荣幸啊!再说家父去世时,您还派义封将军专程来钱塘代为致哀,于情于理,主公都做到了,何愧之有!倒是我,还未当面致谢主公呢!"说完,朝着孙权重重地磕了一个响头。孙权一把将他扶起:"子高先生,都过去了,今天不谈这个。今天请子高先生来,主要想就文化、教育以及宗教的问题,听听您的高见。"

范奕刚想回答,孙权又道:"不急!我们先坐下来,边饮边谈。"说着径自走到屏风前的主位坐下,范奕在孙权的示意下在右边的客位坐下。侍从忙过来跪地斟酒。

孙权举起酒盏,对范平道:"子高先生,您为国在钱塘兴办私学,招徒授业,为朝廷输送人才,先生此举功在当代,利在千秋啊!"

"主公过誉了,教育是百年大计,立国之本,在下秉承家训,身为学人,当为教育尽一己之力。"

"孤出身寒门,并无家传儒学的背景,幸亏少时在钱塘跟随范先生学习了《诗》《书》《礼记》《左传》《国语》等儒家经书。只可惜身处战乱之时,孤总觉得学得太少了。十五岁孤就任阳羡长,便开始忙于政治与军事,离开钱塘学业堂,孤主要还是阅读史书、兵书为主。孤认为北方士族和江东世族沿袭了先汉注重儒学之风,仍然以儒学为主。北方士族以张公与子瑜为代表。张公以习学《左氏春秋》《论语》等为主，子瑜以习学《毛诗》《尚书》《左氏春秋》为主。江东世族以顾丞相与伯言将军为代表，两人皆是江东儒学世家。孤在文化教育上，主张诸子并重的文化开放政策。既不干涉也不禁止朝廷大员研习诸子之学，当然也不反对儒学之风。"

范奕回道："诸子并重，不光是主公定在教育制度里的重要内容，也是主公文化思想中的重要内容。"

范奕刚说到这里，侍卫进来禀报，说周鲂、朱然两位将军来了。孙权示意侍卫请他们进来。

孙权见周鲂、朱然进来，笑着跟周鲂说："子鱼啊！你刚立奇功，明日孤就要带你回武昌封赏去了。今日，孤给你引见一位爱书藏书的先生。"说完又对着范奕道："子高先生，这位子鱼将军刚在石亭大捷中立了奇功。来来来，你们二位好好认识认识。"

范奕忙站起身来跟周鲂打招呼："子鱼将军一战成名，你的威名已遍播寰宇。今日得见，奕真是三生有幸啊！"

周鲂脸色微微一红，拱手道："先生谬赞了，鲂在战场上从无惧色，但站在先生面前却不免有些拘束，恐是书读得太少的缘故吧！"周鲂的几句话引得众人哈哈大笑起来。

孙权笑着接道："既然子鱼这么说，子高先生就给子鱼来一次劝学。想当初，孤曾劝子明读书学习增长知识学问，子明不喜欢读书，以军务繁忙为借口推脱，孤就对他说又不是让他成为专门学习五经的博士，只是叫他多学习多知道一些以前的事情，他说忙，孤就对他说难道他比孤还忙吗？孤这话噎得他无话可说。孤说完后还为他开列了书单，要求他抓紧时间学习，并以汉光武帝刘秀和曹操勤奋好学的故事来勉励他。子明这才遵照孤的要求开始学习，并取得了超过一些饱学儒生的成绩。后来子敬称赞子明说：'从文化知识上懵懂无知的吴下阿蒙，质变为士别三日当刮目相看的文武全才。'"

范奕拱手道："主公劝学的故事，一直激励着江东官学、私学、家学中的莘莘学子努力学习，成为江东的栋梁之才。主公也许不会想到吧！二十多年来，钱塘学业堂每年新生入学时都要重温主公劝学的故事。"

孙权感慨道："时光飞逝，转眼二十多年啦！是啊！子明去世都有十年啦！子明去世时只有四十二岁，若他还活着，与伯言一道开疆拓土，那该多好啊！"孙权说着，不免伤感起来了。

周鲂见状忙道："主公！鲂虽无子明将军那样的潜质，但追随主公这么多年，在主公处多多少少学到了一些知识学问，此次石亭大战，诈降曹休的那些书信就可见一斑。"

"好啊！"孙权对周鲂的话很欣慰，"孤自统事以来，对历史情有独钟，从史书中学到了用众力集众智之道，自以为常读书大有所益。孤现在专门要求儿子日读《汉书》一篇。让他了解古今的明君暗主，奸臣贼子，贤愚成败。子鱼啊，你在读史学兵法之余，可以跟子高先生学学易。子高先生博学广识，长期研读《坟》《素》，预测术与仲翔、文则、子通三位先生齐名，仲翔、文则、子通皆出仕为官，为孤为大吴卜过许多卦，考虑到子高先生在钱塘招徒授业，所以就没有招子高先生去武昌为官。前几年，文则、子通先后去世，孤曾下令'扬、荆、交州有能举知术数如吴范、赵达者，封千户侯'，几年过去了，还是没有找到文则、子通这样的人才。要不，子高先生您就将钱塘学业堂交于他们打理，您就随孤去武昌吧！"

"主公！在下不是不愿意跟随主公去武昌，是实在放不下钱塘学业堂啊！学业堂有藏书七千余卷，常有百余人前来借读。加上学业堂每年有这么多的学子入学，更少不了在下的答疑解惑啊！"

"子高先生，孤深知教育之重要。前不久，您上疏向孤提出了三条具体的措施：一、设立学宫，立五经博士，并给予优厚的待遇；二、官吏子弟一律入学；三、每年考核，列出优劣，给予官职爵位的赏赐。上得好啊！孤已决定日后采取这些措施，让大吴的教育机制在先汉的基础上不断完善。"

"主公英明，在下以为推行教学为先的教育政策和诸子并重的文化政策，从而增强江北士族和江东世族的凝聚力，有利于大吴的长治久安。"

"子高先生说得好！来来来，孤敬子高先生一杯。"孙权说着向范奕敬了一杯酒。

"谢主公！"范奕端起酒盏一饮而尽。

2

"子高先生，今晚孤向您请教了教育与文化方面的问题，现在孤还想跟您谈谈宗教方面的问题，请不吝赐教。"

"主公言重啦！哪谈得上什么赐教，只是在下好为人师，喜欢将自己知道的说出来罢了，其实在下说的，主公都知道。"

"子高谦虚啦，孤愿闻其详。"

"先汉最为盛行的宗教是道教，主要有太平道和五斗米道。太平道创始人是巨鹿人张角。太平道声势浩大，遍布全国，大小三十六方，大方万余人，小方六七千人。张角以此为基础，颠覆了先汉政权的基础，最终导致先汉灭亡。五斗米道，也称天师道，产生于汉中，其创始人为巴郡人张修。"

"是啊！这是孤出生的第三年之事。先父在这个时候发迹于孤微。兄长平定江东之时，道教已进入江东地区。从于吉信众之多，声誉之高中就可以看出道教在江东的影响。兄长毫不犹豫地将于吉杀掉，是因为江东基业尚在草创时期，地位不稳，于吉的影响力和号召力危及江东基业！后来孤统事江东，基业逐渐稳固，孤对道教和道士就宽容多了。"

"是啊！"范奕接道，"主公支持道教，礼遇道士，修建了许多道观，如主公老家富春的崇福观、天台山的桐柏观、建业的兴国观、茅山的景阳观。仲翔先生在《老子训注·序》中称赞主公'造观三十九所，度道士八百人'。"

"说起仲翔，孤这段时间老会想起他。荆州争夺战打败关羽后仲翔卜卦的情景时常浮现在孤的面前，现在不知他在交州过得好不好。不说他了，子高先生，经常游历于富春、钱塘之间的葛玄先生对孤的道教政策有评价否？"

"有，葛玄先生对此早有分析评价，他说：'主公信仙好道的政策，使北方和巴蜀的道教传人陆续流入江南，

孙策怒斩于神仙

左慈等著名方士也到大吴避难和修建道观，为江南道教的兴起打下了坚实的基础。照此下去，不久以后，江南将成为道教发展的新中心。'"

"好啦！葛玄说得好啊！孤不仅重视道教，而且还重视佛教。黄武元年（222），精通汉文、梵文等六国语言的西域大月氏人支谦，从洛阳来到吴地，孤闻其博学有才慧，十分器重，拜为博士。支谦从此就在建业传授佛教，翻译佛经。他所译的佛经《大般泥洹经》《维摩诘经》《微密持经》广为传播，对江南佛教诸宗的形成都有影响。"

"主公不仅支持佛经的翻译，而且还在京口、建业、钱塘、富春等地修建佛寺，去年支谦来钱塘跟在下说'江左大法，全凭吴王而兴'，钱塘这座佛寺就称永兴寺吧！"

孙权赞道："支谦确是个勤奋的人，江东佛教的兴盛，自然有他很大的功劳。"

"主公！您赞僧人，僧人都赞您。在下听说，现在每建一处佛寺，都要在进门处刻上'吴王初拜僧人为博士建寺造塔'的故事。"

"惭愧惭愧，这就是僧人所说的'知恩报恩'的佛理吧。"孙权说完由衷地笑了起来。孙权见朱然、周鲂都有了一丝困意，便对范奕说："子高先生啊！孤与您有聊不完的话题、说不完的话，且与您交谈有一种胜读十年书之感。今晚时候也不早啦！山路崎岖，您就住在这里吧，明日您送孤下山。"

"是，主公！"范奕拱手。

孙权像是又想起了什么，对着范奕说道："子高先生，

支谦像

作为钱塘学业堂的先生,您有为大吴输送人才的责任啊!您看看,此次有什么人才可以输送?"

"主公!千里马常有,伯乐不常有,谢主公操心做钱塘学业堂的伯乐。此回,在下想举荐姚信和贺邵这两位学生。这两位学生天资聪慧,勤励异常,博览群书,易术兼蓄,是难得的人才。在下打算先举荐他俩进太学继续深造,日后由都讲祭酒评价荐用。主公!您认为如何?"

"好!就按子高先生说的办。大吴的官学、私学、家学都像钱塘学业堂这样,孤无忧矣!"孙权用手撑了一下案几,"倏"的一下站起身来说道。

3

第二日清晨，范奕被窗外一阵阵清脆的鸟鸣声吵醒。范奕靠在榻上，看了一会书便起床了。等吃完早饭由侍从引着来到大厅的时候，大伙都在抬运行李，做着回武昌的最后准备。

孙权端坐在堂前，凝神执笔在写大字，范奕稳步上前，瞥见纸上赫然写着五个大字"钱塘学业堂"。范奕心里一阵激动，一个小小学业堂，能得到吴王的手笔，他知道过不了多久，这字就会成为皇帝的御笔。

孙权见范奕来了，便指着"钱塘学业堂"五个大字对他说："子高先生，孤幼时受业于范老先生，孤一直无以回报，就写了五个字赠予学业堂，祝学业堂越办越好。孤此次来钱塘，就题了'石亭纪胜'与'钱塘学业堂'

永兴寺

石人岭

这两幅字,吕公请孤题'钱塘铸钱监',孤都没有题,后来还是请皇象题的。"

范奕闻言连忙伏地说道:"奕感谢主公对钱塘学业堂的深情厚谊,奕自当竭尽所能,为江东培养一些通经致仕的栋梁之才,决不辜负主公对学业堂的期望。"

"好啦!孤对您的学识德行深信不疑,快起来!昨夜,孤与先生深谈了教育、文化、宗教三个话题;今日,先生还有什么要补充的吗?"

范奕站起身来拱手道:"主公!在下认为,朝廷在推行教育、文化、宗教三大政策时,应以教育为先,教育应以教学为先。昨晚回房,在下夜不能寐,又将平日里所思所想,写成了一道《上教学为先疏》,请主公过目。"

孙权没等侍从过来传递,就起身接过帛书细看起来,一边看一边称赞。孙权反复看了几遍后才将这道疏收起，轻声对范奕说道："先生这道疏将昨晚谈话的内容细化了，孤在教育方面就更能操作了。文武群臣都劝着盼着孤早日称帝正尊号，孤称帝后，定将《教学为先诏》列入优先三诏之中，请子高先生放心。"

范奕也轻声回道："《敕封群臣诏》《大赦天下诏》《教学为先诏》。"

"知孤者，子高先生也。"孙权哈哈大笑起来。

4

半月后，孙权题写的钱塘学业堂的大匾在通往金沙涧的山门上挂了一块，在主楼的讲堂正中央挂了一块。大匾黑底金黄色的字，在阳光的照射下熠熠生辉。

挂匾的第二天，在范奕的主持下，一场别开生面的吴王故事演讲赛在大讲堂举行。通过层层选拔的十二位参赛选手，现在都已在摩拳擦掌，跃跃欲试，就等着比赛正式开始。巳时一刻，范奕宣布比赛开始，他先向参赛选手讲了比赛规则，再向姚信、贺邵、丁谓三位评委讲了评审的细则。

比赛开始，第一组的四位选手分别以《坐领江东，承继父兄基业》《家事国事，尽显果敢才干》《率兵亲征，军事才能初显》《善于用人，终雪父兄遗恨》为题作了演讲，胜出者为范平。范平，字子安，是范奕的小儿子。他第四个出场，将孙权征讨江夏黄祖，为父兄报仇的故事讲得如临其境，催人泪下。

第二组的四位选手分别以《赤壁之战》《荆州之战》

钱塘添书香

杭州风华 HANG ZHOU

孙权跨江战黄祖

《夷陵之战》《石亭之战》为题作了演讲，胜出者是徐敦，他将赤壁之战惊心动魄的场景描绘得扣人心弦，豪气顿生，徐敦讲完，场下听众大声喝彩，拼命鼓起掌来。

第三组的四位选手分别以《英雄虎胆，独探曹营》《马跃断桥，化险为夷》《能战能和，能伸能屈》《用人不疑，疑人不用》为题作了演讲，胜出者为吴粲，吴粲以《用人不疑，疑人不用》为题，场景式叙述了孙权与周瑜、张纮、鲁肃、吕蒙、蒋钦、董袭、凌统、贺齐等已故文武群臣的深情厚谊，一幕幕感人的场景、一段段真实的讲述，让台下的学子泪流满面。

姚信、贺邵、丁谞三位评委综合评定，把前三位名单交给了范奕。范奕拿着结果，站在台上用洪亮的声音对大家说道："同学们，大家静一静。前三名的名单就在为师的手上，但为师在公布获奖名单之前，想先讲三

金沙涧

层意思。一是钱塘学业堂此次举办吴王故事演讲会，是为了向吴王致敬，吴王雄才伟略，励精图治，深得江东民心。二是为了向吴王学习，吴王年少时曾在钱塘学业堂学习，这成了钱塘学业堂永远的自豪与荣光。一代代学子都要向吴王学习。三是为了更了解吴王。此次演讲会通过层层选拔，最终确定了十二位同学参加今天的决赛。加上初选与预选，演讲赛期间全体同学共整理写作了上百则吴王故事，这对我们钱塘学业堂来说，是一笔无价之宝，也是享用不尽的学习思想与精神的源泉。同学们，大家唯有学好本领，上马能杀敌，为官能安邦，才对得起吴王亲笔题写的钱塘学业堂。下面，我宣布获得前三名的同学名单。"

范奕边说边打开筒盖，从小竹筒内取出纸条，拆开后大声宣布："获得本次演讲会第一名的是吴粲同学，他演讲的题目是《用人不疑，疑人不用》。获得第二名的是徐敦同学，他演讲的题目是《赤壁之战》。获得第三名的是范平同学，他演讲的题目是《善于用人，终雪父兄遗恨》。"范奕一高兴，将儿子的名字报得响响的。"至于奖品，吴粲将获得《汉书》一套，徐敦将获得《左传》一套，范平将获得《礼记》一套，其余九位优胜者将获得《论语》一卷。"

台下学子听到如此丰厚的奖品，情不自禁地为获奖者鼓起掌来。

范奕摆摆手示意大家静下来，说："同学们，今天经过大半天的紧张比赛，中午只用了半个时辰吃饭，想必大家都累了。为师决定今晚的晚课取消，改成大家的自由活动。"

听到这，大家又是一阵欢呼。

范奕再次示意大家静下来，笑着说道："为师再告诉大家一个好消息，过几天，你们的三位学长姚信、贺邵、丁谓将去武昌的太学报到深造学习啦！"

此时，钱塘学业堂大讲堂内彻底沸腾了。金灿灿的晚霞挂在龙门山那头，似乎也在为学业堂庆祝。

天子回家乡

1

石亭之战，吴军杀敌过万，缴获无数，虽然走漏了曹休①，但是大挫曹魏威风。此战令孙权再一次扬威天下，气势声望骤升，直冲斗牛，所以后世称石亭之战是孙权帝业的奠基之战。

石亭之战后，孙吴群臣就陆续上疏，劝孙权称帝，为了渲染氛围，在各地将吏的操作下，"孙权是真龙天子"的谶语开始漫天飞。有人翻开已篡改过的旧历书说："汉世术士言，黄旗紫盖见于斗、牛之间，江东有天子气。"斗、牛是天上的两个星宿，按书中术士言，对应吴、越之地。又有人献出一首歌："黄金车，班兰耳，闾阊门，出天子。"闾阊门就是吴县阊门，说这是三十年前汉献帝兴平年间（194—195）在江东流行的童谣。

黄武八年（229）二月，天命符瑞又降临了，吴王孙权的家乡富春县报告说，在富春江中又见到了黄龙，第一次是在光和五年（182）孙权出生时。钱塘县报告说，在钱塘江边的山上见到了凤凰，并将出现凤凰的那座山也改称了凤凰山。三年前就有预言江东要出皇帝，如今

---

① 曹休败后不久发背疽病而死。

胡综像

又符瑞屡现，这是真龙天子降生的吉兆。孙权当皇帝是天命注定的，不称帝就是在违背天意啊！

既然天意如此，孙权便同意群臣所奏准备称帝。此时，建武中郎将胡综写成了长篇辞赋《黄龙大牙赋》，以造声势。孙权的中军大帐也树起了黄龙大旗。

夺土地当皇帝是孙权早已确定的奋斗目标。到了石亭之战后，孙权与顾雍有过一次密谈，顾雍认为孙权称帝的三个条件皆已成熟。

顾雍说:"第一,就曹魏方面来说,新即帝位的曹叡,本身才能不高,加上四位辅政大臣之间的关系并不协调。石亭之战大败曹军,足以证明吴军是能够同曹军相抗衡的,虽然我们的总体军力不如曹魏,但凭借长江天堑是可以拒敌人于国门之外的。第二,就蜀汉来说,刘备已逝,刘禅年轻无能,全靠诸葛亮辅政。诸葛亮与曹魏誓不两立,一贯重视同大吴的联盟关系,已经派邓芝使吴,双方恢复了盟好关系。截至今日,诸葛亮已进行了两次北伐。在这种情况下,蜀汉是绝不会再与吴为敌的。第三,就大吴内部来说,早在八年前主公被封为吴王后,主公割据于东南,执行独立的政策,自行改元,实际上已是没有皇帝名号的'皇帝'。但是主公的王是曹魏封的,只要王的名号不去掉,主公在名义上仍是曹魏的臣下。因此,主公必须改王为帝,以正尊号。"

孙权听了深以为然,点头道:"丞相说得对!"说完又马上补了一句:"此次在孤家乡富春看到黄龙吐出符瑞,可媲美八百年前周朝的'赤乌衔书'啊!"说完便径自哈哈大笑起来。

2

黄武八年(229)四月十三日,武昌南郊。

孙权举行郊祀大典,诏告天下,登基即位,史称吴大帝,并改年号"黄武"为"黄龙"。在顾雍、陆逊等文武群臣的山呼声中,孙权不由地感慨万千,自建安五年(200)兄长孙策遇刺而逝,他临危受命,隐忍了近三十年。三十年啊!一代枭雄曹操与刘备早已相继化为一抔尘土。如今彻底终结了隐忍屈服的历史,他终于可以扬眉吐气,南面称朕,与魏帝曹叡、汉帝刘禅平起平坐,永载史册。九年前,曹丕篡汉称帝。八年前,刘备自立为帝。七年前，孙权使用自己的年号"黄武"，虽未称帝，实则已是没有皇帝名号的"皇帝"。现在孙权在武昌颁诏登基称帝，只不过是补办手续，所以孙吴群臣劝其称帝的说法是"正尊号"而已。

孙权称帝后，发表告天文书。与此同时，孙权按照帝王登基的惯例，追尊生父破虏将军孙坚为武烈皇帝，生母吴氏为武烈皇后，兄长讨逆将军孙策为长沙桓王，册立王太子孙登为皇太子。孙权对文臣武将进行加官晋爵、封赏，特别是对功勋卓著的辅国将军、领荆州牧陆逊，授予其上大将军，在最高等级的大将军前面再加上一个"上"字，可谓是量身定制。此外，孙权还让主要大臣遥领曹魏各州牧：诸葛瑾领豫州牧，步骘领冀州牧，朱然领兖州牧，朱桓领青州牧，全琮领徐州牧，孙韶领

吴大帝孙权像

幽州牧。从这一点可以看出，豫、冀、兖、青、徐、幽各州虽在曹魏统辖区内，由于孙权不承认曹魏政权，便任命各州牧遥领之。

孙权称帝后，踌躇满志，他想把其帝王事业再推进一步，这就是跨海开拓疆土，在同西面的蜀汉巩固联盟关系的同时，欲把势力扩张到东北的辽东，东南的夷洲、亶洲和南方的珠崖。

孙权在称帝后的第二个月，就派使者入蜀。提出"并尊二帝"的政策，就是吴汉共荣共存，中分天下。诸葛亮不但没有反对孙权称帝，反而派遣卫尉陈震赴武昌，祝贺孙权登基称帝，并赞同孙权"并尊二帝"的外交政策。

六月，陈震抵达武昌，吴汉第三次结盟。盟誓由孙权亲自起草，宣布吴汉齐心协力，合为一体，以扫灭曹魏为己任。灭曹魏之后均分天下，豫、青、徐、幽等四州划入吴的版图，兖、冀、并、凉等四州划入蜀汉的版图。大致以函谷关为界，以东归吴，以西归汉。这一盟约反映了孙权、诸葛亮两位外交家的正确决策，表明了当时吴汉双方维护联盟的立场，切实有利于联盟关系的发展，有利于共同抗击共同的敌人曹魏。

这次双方结盟立誓，使吴汉的联盟关系发展到最高峰。为了表示结盟的诚意，孙权将朱然的兖州牧、步骘的冀州牧解职，因兖、冀二州在盟约中为蜀汉的分界区。诸葛亮则建议后主刘禅徙鲁王刘永为甘陵王，徙梁王刘理为安平王，因原来的虚封之地鲁、梁都在盟约中吴国的分界地内。

从此之后，吴汉两国之间注意维护联盟关系，再没有发生战争。由于这种关系使孙权解除了西顾之忧，他决定将都城由武昌迁回建业①。

当年九月，孙权把太子孙登留在武昌，让上大将军陆逊辅佐，并把荆州及豫章、鄱阳、庐陵三郡要务通通交给陆逊打理，自己率着满朝文臣登上船队，在水军的护卫下，浩浩荡荡地踏上了回迁建业之路。

3

临近建业，在孙权的大船上。

孙权很喜欢坐船，所以他把船打造得异常坚固，船内装饰得非常豪华和舒适。船舱内雕刻着红色的图案，配有黄色的伞盖和深红色的帷幕，大小盾牌以及戈矛等武器上绘有花草纹饰，弓弩箭矢，都选用上好的材料制成，孙权的船高大雄伟，看上去如同山丘。

孙权在大船上摆放筵席，宴请群臣。席间，群臣之间时而起身相互敬酒，鼓乐手时而吹吹打打，舞女时而翩翩起舞助兴，好不热闹。

只见七十三岁的辅吴将军张昭颤巍巍地站起身来，摇摇晃晃地走上前去，跪倒在孙权的几案前。众人见张昭如此举动，热闹的场面马上安静下来。

张昭老泪纵横地泣道："陛下，还望陛下能真心原谅老臣二十年前的过错啊！若不原谅，老臣死不瞑目啊！也无脸见桓王于地下，陛下！陛下！"张昭说完，连喊了几声陛下，叫得在场的群臣心里都很纠结，但皇帝与张昭那个心结只有当事者才能解，旁人无法劝，也不敢劝。

原来，孙权登基之后，大宴文武百官，将帝业首功

①今江苏南京市。

周瑜三江战曹操

归于周瑜，竟然连张昭的名字也不提。二十年前赤壁大战时，张昭劝孙权降曹，孙权对此仍然耿耿于怀。当时白发苍苍的张昭准备好了一大堆讴歌颂词敬献皇帝，正要举起笏板发言的时候，正好孙权的酒劲上来了，他就没过脑子，说了一句发自肺腑的老实话："当年如果听您的高见，朕现在已经是曹魏的乞丐了。"张昭明白孙权是指自己在赤壁之战时力主投降一事，羞愧得伏地不起，汗流浃背。还好，孙权只是取笑张昭的错误，让这个执拗高傲的老臣出出丑，而不是秋后算账。

但张昭毕竟年岁大了，还是受不了孙权这一激，至此心情一直很悲怆抑郁，今见离都城近了，心里更是五味杂陈，便有眼前如此一跪。

孙权见张昭如此，心里知道自己对张昭的态度有点过了，连忙安慰他道："张公啊！您是大吴老功臣啦！此次群臣封赏，您因自己年老多病，请求致仕，交还了所任官职和所掌管的机构及您所统领的军队。朕考虑到您为大吴操劳了大半生，也该安享晚年了，所以便改任您为辅吴将军，官位次序待遇仅次于三公，改封为娄侯，封邑一万户。为的就是让您老清闲一点。"

张昭听了还是跪地不起，望着孙权道："陛下！老臣自知性格耿直，常常直言逆旨。二十年前臣有请降之意，也是遵了桓王临终'缓步西归'之言啊。"

孙权道："张公！朕对您敬重有加，兄长临终前将朕托付给您，是您上奏朝廷请封，又下达文书给所属郡县及内外各级军官，要求他们各自恪尽职守。母亲嘱朕须待您以师傅之礼，朕至今未忘。"说到这，孙权突然提高了声音对群臣道："众位爱卿可知长沙桓王生前待张公以仲父之礼的事吗？"

见孙权发问，厅内年老者点头，年轻者摇头。孙权环视了一下群臣，道："是啊，知晓的人大都不在了。张公！朕就再给众卿讲讲吧。"

张昭很早就很出名。徐州牧陶谦举荐他为茂才，他也不出山去辅佐陶谦，陶谦认为他看不起自己，便将他关押起来。幸亏有琅琊人赵昱全力营救，张昭才得以脱离危险。东汉末年，天下大乱，徐州一带的官吏百姓都到扬州避难，张昭也南渡长江到了江东。孙策在江东开始创业时，任命张昭为长史、抚军中郎将，并领入内堂拜见自己的母亲，把他看作自己的长辈，涉及民政和公务的事情全部委托他处理，孙策自己独领军事。张昭将江东的内政外交处理得井井有条，让孙策大为省心。从而张昭经常接到北方一些官员与士人的书信，信中将治理江东所取得的成就都说成是张昭的功劳。张昭想，默不示人怕别人会说自己有什么不可告人的秘密，拿出来给孙策看又觉得不合适，因此左右为难，惴惴不安。孙策听说此事，高兴地笑起来，说："从前管仲做齐国的相国，齐桓公尊称他为'仲父'，凡有官员请示事情，齐桓公都让他们去问仲父，结果齐桓公成为霸主。现在子布贤德，我能加以任用，他的功绩与光荣难道不是由于我对他的任用吗？"

"这件事，兄长生前多次对朕讲起，朕对张公从来都是敬重有加的。"孙权斟满一盅酒，拿着酒盏走下台阶，一手扶起了跪着的张昭，"张公！这杯酒是富春佳酿，是朕称帝那会儿，特地从家乡运来的。平时朕还舍不得喝，今天您一定要满饮此杯。"

张昭望着孙权手上端着的富春佳酿，立即又泪眼婆娑，想起一段与孙权不愉快的往事来。

有一年，孙权在长江边训练水军，再加上接连打了胜仗，便邀集群臣在他的大帐内饮酒庆贺。孙权特意拿出家乡富春送来的佳酿，让大家品饮。不知不觉，几个身边的大将便喝得酩酊大醉，狂态大发。孙权一边哈哈大笑，一边对将士们说："这是富春佳酿，今天要喝个痛快，一定要叫大家醉得掉进长江，才算尽兴！"这时张昭见孙权雅兴十足，又不便当面拦阻，便面有不悦一言不发地坐在那里，后来干脆离席走了。孙权早就瞥见张昭脸色，稍稍有所收敛。他发现张昭不高兴走了以后，连忙叫人去把张昭请回来，笑着说："朕不过是让大家乐一乐罢了，张公何必生气呢？"张昭却毫不客气地说："想当年，商纣王造糟丘酒池，为长夜之饮，他也认为是乐事，而没有想到是罪过。如今江东未定，江北曹魏虎视眈眈，岂能作长夜之乐！"孙权说："这佳酿适饮增豪气！"张昭说："大将们已东倒西歪，岂不过量，丧了神志！"听了这话，孙权无言以对，面有愧色，只好提前结束了酒宴。

　　"陛下！老臣是不是特别不合时宜？"张昭冷不丁地冒出这么一句，其实正说中了孙权对张昭的感觉。孙权对他确实有所忌惮，前几年丞相孙邵去世后，大臣们推举张昭为丞相。孙权却对大家说，丞相的事务繁杂，而张公的情怀刚直，他所说的话如果不听从，怨咎就会产生，这对他没有好处。可见，孙权对张昭性格是比较了解并有所惧怕的。

　　孙权见张昭这样说，自己先将端着的富春佳酿一饮而尽，苦笑了一下劝道："张公您多心啦！您为江东操劳了大半辈子了，加上年事已高，朕也该关心关心您的身体啦！朕听说您最近正在潜心研究《春秋左传》和《论语》，这个好啊！老当益壮，学问养生啊！"说完，孙权又回过头对左侧的顾雍说："顾丞相，回建业后，您帮朕在蒋山旁找一处僻静的宅子，给张公住，让张公能安心在那做学问。"

顾雍站起身来回道："是，陛下。"

"还有，丞相！"

顾雍刚想坐下，见孙权还有话说便继续拱手站着。

孙权道："船队到达石头城埠口时，顾丞相与张公等先行回城，有驻防任务的将官同时下船，下船后须马不停蹄速归自己营地。"

顾雍不解，问道："陛下，这是为何？难道陛下不回京吗？"

"是的，朕暂不回京，而且要继续巡视江南，了解民生。"孙权回道。

张昭也甚为关切地说道："陛下！您已多年未回京城，不如先回京休整休整。再者，对于皇帝的归来，京城百姓肯定翘首以盼。届时若百姓伸长脖子，却看不到陛下回京，恐会引起不必要的猜测。"

"张公！这个您大可放心，朕在武昌多年，都是顾丞相一人在建业操持政事。顾公办事，朕极为放心。咱们大吴有两个首都，武昌位置偏中，正对着中原腹心，利于军事。建业位置偏东，沃野千里，是百姓乐业之所，是政治经济文化中心。太子与陆上大将军共同主持军事镇守武昌，朕放心。顾丞相与张公驻守建业，朕更为放心。"

张昭见孙权提到了自己，脸色不禁好了许多。孙权继续说道:"朕既称帝,就不能做太平皇帝,也没想过当太平皇帝,要想一统江山,朕必须对内发展经济充实军备,对外布置反魏统一战线。打仗太久了!老百姓的负担太重了!为了打仗朕暂不能减轻赋税,那老百姓怎么办?"

"安抚!"顾雍缓缓地吐出两个字。

"对!安抚!丞相说得对!朕接下去巡视的第一站就是陆上大将军曾担任过典农校尉的毗陵。朕想看看那里的屯田现在怎么样了,也想去看看张公的封地娄县,还想回家乡富春去看看。"孙权边说边走上了主位。

张昭见孙权又一次提及自己,多日的忧闷一扫而空,拱手高声道:"战后江东,百废待兴。陛下不辞劳苦,巡视各方,实在是大吴百姓之福啊!"对孙权的决定,张昭破天荒地毫不阻拦。

顾雍道:"陛下既已决定继续巡视,臣自知无法阻拦,但请陛下保重龙体,注意安全,多带些将官在身边,以备不时之需。到了石头城埠口,雍与张公下船就可以啦!"

"多谢丞相关切!朕已决定,有三艘大船巡视就可以了,其余船只全部依靠在石头城。朕与几位夫人就坐这龙船,第二船由诸葛瑾、朱然带队,陆凯、张承、诸葛恪、全琮、凌烈、凌封陪同就可以了,对了,还有写《黄龙大牙赋》的胡综也去,此去恐还要请你修改朕的文章呢!其余文武全部下船。第三船为侍卫与水军。丞相!朕巡视之前有一事必须先跟你交代清楚,朕巡视回京之后仍住以前的宫殿之中,不得另行建造宫殿。"

"遵旨!"顾雍跪地答道。

4

黄龙元年（229）十月，孙权船队巡视至钱塘江口。

孙权正跟诸葛瑾、朱然、全琮、张承、陆凯、诸葛恪、凌烈、凌封他们聊得正起劲，话题是"我们都有一个好父亲"。

这是孙权先挑起来的话题。孙权说："朕的父亲是破虏将军，他十七岁在这钱塘江杀海盗而孤微发迹，在征讨董卓时名扬天下，时人称他进洛阳后修复祭扫汉室宗陵最为'忠烈'，后被刘表所害。现在朕已追尊先父为武烈皇帝。在朕眼里，他是朕最崇敬的人。今天不说朕的父亲，让朕来说说你们的父亲吧！"

孙权先停了停，见诸葛瑾眯了眼睛像是在沉思，便道："朕先来说诸葛将军的父亲。"说着用手指了一下诸葛恪，"元逊，那是你的爷爷。诸葛将军的父亲叫诸葛君贡，在泰山郡郡丞的任上清廉谦恭，忍辱负重，不徇私情，虽最终被奸臣所害，但给子孙留下了一个好名声。"孙权说着，诸葛瑾的眼睛红了，他想起了父母先后遇害，五兄妹成为孤儿的场景。

孙权说："子瑜，不要难过。现在，你在吴为将军，孔明在蜀汉为丞相，不是挺好嘛！你儿子元逊现在也有出息啦，不仅是太子的宾客，也是朕的得力干将啦！元逊，你还记得'诸葛子瑜之驴'的事吗？"

朱然接口道："臣与陛下同年，又是同窗。元逊的那几个聪明故事，还是让我来跟大家说说吧。"说完，朱然绘声绘色地跟大家讲起了发生在诸葛恪身上的故事。

原来诸葛恪从小就聪明异常,孙权很喜欢他,时不时出题考他。诸葛恪的父亲诸葛瑾脸面长得很长,像驴一样,孙权在一次大会群臣时,叫人牵来了一头驴,在驴脸上挂了一条标签,写上"诸葛子瑜"四个字。诸葛恪跪下说:"请给我一支笔让我增加两个字。"孙权同意了,并给他一支笔。诸葛恪在标签那几个字下面接着写上"之驴"二字。在座的人都大笑起来,孙权于是就把驴赐给了诸葛恪。又有一次孙权在会见大臣,孙权故意问诸葛恪说:"你父亲和你叔父哪个更有才能些?"他回答说:"我父亲更好一些。"孙权问他为什么,他回答说:"我父亲知道该侍奉谁,而叔父却不知道,所以我父亲更好一些。"孙权听了高兴地哈哈大笑起来。孙权令诸葛恪为在座的人依次斟酒劝饮,到了张昭面前时,张昭已经显露出醉酒的神色,不肯再喝,就说:"元逊,你再倒酒可不是敬养老人的礼节了。"孙权对诸葛恪说:"你若是能让张公理屈词穷,他就应当喝酒了。"诸葛恪听完就反驳张昭说:"张公,过去师尚父九十岁时,还执旗持钺,仍然没有说自己年老。现在带兵打仗的事,主公为了照顾您,根本就不让您去;而吃饭喝酒的事,主公却给足了您面子,次次都将您排在最前面。张公,这怎么能说主公不敬养老人呢?"张昭被诸葛恪问得无言以对,只好满满地喝了一杯。又有一次,蜀汉的使节到来,群臣一起会见,孙权对使节说:"这位诸葛元逊小将军平素喜欢骑马,回去后转告你们丞相,给他送匹好马。"诸葛恪闻言立刻跪下拜谢,孙权说:"元逊,为什么马还没送到就道谢呀?"诸葛恪回答说:"蜀汉是主公在外边的马棚,如今您下了命令,好马一定会送到的,怎么能不谢恩呢?"

朱然说完,众人都夸诸葛恪聪明,凌烈、凌封兄弟俩还鼓起掌来,非常崇拜地朝着诸葛恪说道:"元逊哥哥,你这么聪明,可真不了起。虎爸爸说我们有一个英雄爸爸,那今后我们就叫你聪明哥哥!"

诸葛恪笑道:"以后你俩就跟着我这位'聪明哥哥'吧!"

诸葛瑾却说:"元逊,你以前的这些聪明叫作小聪明,陛下的智慧那才叫大智慧。烈儿、封儿,诸葛伯伯今天给你们讲一个有关虎爸爸大智慧的故事,你们虎爸爸的那种智慧,连曹操、曹丕父子都多次称赞。"

凌烈、凌封兄弟俩兴奋极了,这些年来,跟着孙权一起生活,早就是一家人的感情了。兄弟俩见诸葛瑾如此说,便央求他快点给他们讲虎爸爸的故事。

诸葛瑾看了看朱然,说:"义封将军,还是你来说吧!毕竟你才是亲历者,讲起来真实。"

要朱然讲孙权的故事,他当然乐意。朱然心里最崇拜两个人:一位就是小时候的同学、现在的大皇帝陛下孙权,另外一位就是自己的义父吴郡太守朱治。朱然润了润喉咙,便讲起了当年他亲眼所见的故事。

那是在建安十七年(212)十月,曹操亲率大军南征,扑向濡须口。孙权亲率七万大军前往迎敌,重要将领朱然、孙瑜、吕蒙、甘宁、周泰、董袭、徐盛等随军参战。孙权以甘宁为前部督,率兵三千进击,并要他乘夜袭击曹操的前营。甘宁带领三百人的突袭队悄然出发,径直摸到曹营,突然发起猛攻,以迅雷不及掩耳之势冲进营寨,杀死砍伤曹军数百人。等曹军在惊恐慌乱中反应过来的时候,甘宁早已率突袭队安全撤离。甘宁回到大本营,孙权对甘宁的勇猛大加赞赏:"曹孟德有张文远,孤有

梦回钱塘的孙权

HANG ZHOU

甘宁百骑破曹操

甘兴霸,何惧之有!"没过几天的一个晚上,曹操率了一部人马出濡须,坐油船,夜行于江面上。孙权得到密报立即派了大量水军围攻过来,曹军在水上哪见过这阵势,纷纷溺水,足有数千人。此外,还有三千余人被俘。幸好曹操逃得快,否则也将成为俘虏。此后,双方相持月余,你来我往,互相厮杀,主动权掌握在孙权一方,曹操没有得势。

一日,孙权带着朱然亲自乘坐大船,去观察曹军的营寨。当时雾大,曹操深恐有诈,不敢贸然出兵,只是下令弓弩齐发,箭如飞蝗似的落到孙权的大船上。船的一面着箭太多了以后,渐渐倾斜,将要倾覆之际,孙权令船掉过头来,让船身的另一面也受箭,箭均船平之后,孙权才下令船往回开。

没过多久,孙权又乘坐大船,在众将的保护下,从濡须口开到曹军营寨附近。曹军将领主张迎击。曹操冷静地说:"这是孙权亲自前来探查我军的情况。"命令军中严加防备,但不准乱发弓弩。孙权率军巡视一番,从容退走,途中还奏起了军乐。曹操看到孙权舟船、器仗、军伍整肃,进退自如,不由得想起了刘表的两个儿子刘琮和刘琦,感叹地说:"生子当如孙仲谋,刘景升儿子若豚犬耳!"

孙权同曹操相持到二三月间,雨水转多,孙权给曹操写信说:"春水方生,公宜速去。"另附纸又写道:"足下不死,孤不得安。"曹操把孙权信的内容告诉了诸位将领,并说:"孙仲谋说的是实话,不是在欺骗孤。"曹操见雨季来临,再拖下去对自己不利,便下令撤军,于四月间回到邺城。

众人听朱然讲完,不由地一阵赞叹。诸葛恪道:"陛下是天子,是天之子,胸襟胆略自然与吾辈不同。"

孙权听了哈哈大笑,认真地回答:"朕是父亲之子,也是子之父亲。父亲、兄长与朕都深知打江山难,朕还知守江山更难,所以真正的天子就要学会用人之道和用智之道。能用众力则无敌于天下矣,能用众智则无畏于圣人矣。除子瑜与义封外,你们都是年轻的儿子辈,你们也都是大吴所需的人才啊!你们定要努力学习,才不会辜负朕的期望啊!"

众人忙跪倒拜谢。此时侍卫进来禀报说观山已到。孙权命船队在观山桑棣亭靠岸,侍卫领命而去。孙权对众人道:"今天在观山住一晚,明日上午去种德堂祭祀先祖。"

"是,陛下!"众人领命。

待船队靠近富春观山时,当地官员、将吏和选出来的百姓代表早已等候在码头。孙权上岸后,当地官员战战兢兢地迎上前来,伏地禀告:"欢迎陛下回家乡,微

观山(今鹳山)

臣能面见天子,此生无憾矣。只恐家乡父老招待不周,万望陛下恕罪!"

孙权为缓解紧张的气氛,笑着大声道:"朕是天下的父母官,你们是朕的父母官。你们把家乡父老照顾好了,就是把朕照顾好了!"

天子此言一出,掌声雷动,百姓山呼万岁。

孙权进入山顶的临时宫殿刚坐下,朱然就进来禀告:"陛下!前几年送乌龟的老樵夫又来了!"

"噢,问了什么事吗?"

"他说天子回家乡,没什么好敬献的,前些日子日夜守在江边,终于抓到了一只老乌龟,虽没有前几年那只大,拿来敬献给天子,表表家乡父老的心意。"

孙权听朱然这么一说,前几年老樵夫敬献乌龟的事又浮现在了眼前,仿佛昨天刚发生一样。那是前几年的秋天,在观山上,一个樵夫挑着一担从东升山那边砍来的柴,走在下山的路上,突然在路边的大石头下发现了一只大乌龟,足足有百来斤重。樵夫心想:今天可是碰上好运气了,不如把大乌龟卖了换钱。接着他就喜滋滋地把大乌龟绑了起来。路上的行人见了,无不啧啧称奇。有人出主意说:"明天早上吴王的船队就要回到家乡到达观山了,你不如把这只乌龟敬献给吴王,也好表表咱父老乡亲们的心意。"樵夫听了,觉得是个好主意。

于是他决定在观山宿一夜,第二天一早把乌龟献给吴王。樵夫见道旁有一棵很大很茂盛的桑树,桑树下正好有一块方方正正的石板。樵夫驮乌龟累了,索性就躺

龟川

下开始睡起觉来。他做了一个非常奇怪的梦，原来他捉到的这只乌龟在富春江里已修行了四百年，每天夜深人静时就会浮出水面，爬上大石板静心修炼，等天明了再潜入水底。这天乌龟一时兴起，想在白天看看富春江的美景，没想到却被樵夫给捉住了。樵夫睡觉的这块巨石边上的这棵老桑树也不容小觑，它在这观山上整整生长了四百年，吸朝露沐江风，渐渐也就有了灵气。只听见老桑树对老乌龟说："龟老弟，你可真不走运，明天一早樵夫就要把你敬献给吴王了。"老乌龟轻蔑地笑道："以我四百年的功力，烧尽任何柴木都无济于事。"老桑树却长叹一声道："老弟你殊不知吴王手下有个叫诸葛子瑜的，他见多识广，知道用我这把老骨头可以煮烂你，到时候咱俩就必死无疑了。"樵夫半夜醒来，依稀记得这个梦，心里满是疑惑。

第二天一早，他就把乌龟敬献给了吴王。孙权看到这只老乌龟，非常高兴，忙命人烹煮。可是用了几担干柴烧了半天，老乌龟还是丝毫煮不烂。这时，诸葛瑾说道："用富春江边的老桑树来煮这老乌龟，必熟无疑。"于是孙权马上命人砍来桑树，果然乌龟被煮烂了，而且被煮烂后的肉奇香无比。孙权招来樵夫，要重重赏他。樵夫面见吴王后，把昨天晚上做的梦原原本本地告诉了吴王。孙权惊奇不已，来到半山腰的石板上，极目远眺，顿觉神清气爽，开心之余便下令把这一带改名为龟川。

"陛下，樵夫还在山下等着呢！"朱然的话将孙权从遐思中拉了回来。

"义封！朕明天就要回家乡种德堂家庙进行祭祖，祭祖者心诚则灵，为此，朕已连续三日吃斋沐浴。这样吧，你们几个与老樵夫一起去富春江边把抓到的乌龟放生，也算是共同为大吴祈福。"

"陛下，这个主意好！微臣马上去办。"朱然说完，转身退出。

孙权又加了一句："义封！你回头去把作《黄龙大牙赋》的先生请来，朕有篇文章要请他改改。"

朱然知道孙权又开玩笑了，皇帝是让他叫一路陪侍的侍中胡综进来。

"是，陛下！"朱然大声回道。

5

第二天一早，孙权船队出发的天气并不理想，大雾弥漫，富春江上全被大雾笼罩着，模糊一片，根本看不清方向。

朱然请示正在山顶观雾的孙权，吉时已到，孙权果断地说了一声"走"。

孙权乘坐的大船因为在雾中行走，为保证安全，所以走得极慢。孙权坐在窗边也不言语，只是看着窗外的大雾发呆。陪侍的众人三三两两地坐在案几前，一边喝着热气腾腾的富春佳茗，一边小声地说着话。

大约过了有一个时辰的样子，还不见侍卫来报，此时思乡心切的孙权冲着众人突然问了一句："诸位爱卿，有谁知道，到王洲还有多少路？"众人愣在那里摸不着头脑，因为当时富春县境内根本就没有"王洲"这个地名，但聪明的诸葛恪却马上明白了孙权的话意，连忙站起身来禀道："陛下，王洲即刻就到。"说来也怪，诸葛恪的话音刚落，刚刮的西风立马渐变成了东风，船队就成了顺风而行。只听得朱然在船头大声喊道："孙洲已到，天子回家乡喽！"

孙权闻声笑道："又是一个不合时宜的。"

诸葛恪走出舱门对着朱然叫道："朱将军，陛下金口，孙洲已改王洲啦！"

新建的孙氏家庙坐落在种德堂的西边，坐南朝北，占地亩余，分前、中、后三进，第一进为仪门，仪门内是八丈见方的天井，天井两旁是廊庑。第二进为大厅，前方八根方石柱巍然耸立，石柱之后是二十四根圆木大柱，上面檩梁重叠，横直交错，正中的冬瓜梁粗大庄重，堂前的横梁上挂着"种德堂"的匾额，堂后的照壁挂着孙钟、孙坚的画像，厅里摆放着几排案桌，可供族内议事之用。第三进供奉着列祖列宗的神位，其中齐国大夫孙书、大将军孙武、富春始祖孙明、齐国将军孙膑四块牌位比较大，在孙权称帝后，孙氏家庙新赶制的吴孝懿王孙钟、吴武烈皇帝孙坚、吴长沙桓王孙策三块牌位特别醒目。

孙权在祭告列祖列宗后说了一番话："现在权虽已即皇帝位，但心中仍以一统天下为己任，绝不能让父兄及江东将士打下的江山毁于一旦。为了江东的这片江山，数不尽的百姓流离失所，在战争中死去，数不清的并肩作战的文臣武将在战争和岁月中逝去。就说我们孙家，虽被誉为江东英雄第一家，但为了大吴这片江山，朕真正成了孤家寡人。打天下是要付出代价的。朕提议，在场的所有孙氏子孙，向列祖列宗三鞠躬。"

此时全场肃静。

孙权说道："一鞠躬，兵圣佑子孙。"

大家深深地鞠了一躬。

"二鞠躬，种德护江山。"

孙权《天子自序》

大家又鞠了一躬。

"三鞠躬，感恩列祖列宗。"

大家再深深地鞠了一躬。

孙奂见祭祖仪式结束，连忙示意儿子孙承过来搀扶一下伯父孙权，生怕孙权累着。孙权拍拍孙承的肩膀，对众人道："朕前几日按照叔父生前的孙氏源流考证为《皇家玉牒》写了一篇序言，昨晚在观山，又请侍中伟则先生帮朕修改了一遍。今天朕带来了一份，现在请朕的兄弟中唯一健在的堂弟扬威将军季明来宣读一遍。"说到"唯一健在"的时候，孙权明显哽咽了一下。

孙承很懂事，看到伯父哭了，便拉着伯父的手道："伯父不哭，承儿勇敢。"

"不哭，勇敢！"孙权拉着孙承的小手走向外面。

钱塘铸大钱

1

吴赤乌元年（238）的春日，大吴皇帝孙权的船队正航行在钱塘湾开阔的海面上，每一艘船上都挂满了各色的旗幡。丽日当空，海面上波光粼粼，船沿上旗幡飘扬，尽显孙吴大型船队的雄壮军姿。

孙权的龙船居中，远观像一座花团锦簇的大山。孙权此时正在船舱内饮宴，陪同的有孙权的女婿、左将军、云阳侯朱据，车骑将军、右护军朱然，侍中胡综等人。

只见孙权举起满满的一盏酒对朱据说道："子范啊！朕敬贤婿一杯酒，给你压压惊，吕壹的事让你受委屈了。"

原来两年前，孙权任命吕壹为校事，职责是审查各官府及州郡文书，换言之，就是监视大臣及军民们的言行。说白了，就是凌驾于常规监察机关的特务机构。

干这种活儿的多半是酷吏，他们从来不按照法定程序办事，也不依法监察，且手段残忍，捕风捉影，诬告栽赃，滥用职权，无恶不作。吕壹就是这样的酷吏。他仗着孙

朱据像

权的宠信，今天诽谤这个，明天诋毁那个，搅得朝廷乌烟瘴气。只要看不惯他的人都吃过他的苦头，枉死在他手下的人更是不计其数。群臣们是又气又怕，可谁也不敢得罪他，不然自己吃不了兜着走。

吕壹自恃背靠大树，得意忘形，今年正月竟将矛头指向了孙权的小女婿朱据。

开年过后，朱据的部下应当从国库领取三万缗的封赏，但这笔款子被军中工匠王遂冒领。吕壹得知后，便诬告朱据贪污了公款，严刑拷问管事军吏，逼其供认朱据有罪。

但军吏不愿诬陷朱据，竟被活活打死。朱据知道部下无辜，出于怜悯，厚葬了他。吕壹却对孙权说，朱据是拿部下当替罪羊心虚，所以才厚葬部下。孙权闻言大怒。

朱据知道自己拿不出有力证据来为自己辩护，只好自我监禁，听天由命，等着孙权治罪。数日之后，军吏刘助发现实情，揭发了真正的罪犯，朱据这才躲过一劫。

这件事对孙权触动很大。朱据位居左将军，又是皇亲国戚，身份这样尊贵的人都能蒙受冤屈，何况普通臣民！孙权意识到，朝廷中欺上瞒下的情况相当严重。于是他下令有关部门着手调查吕壹这些年的言行。

很快，吕壹的罪行大白于天下，横行一时的吕酷吏很快伏法。

现在，朱据见贵为天子的老丈人当着大家的面如此说，他的鼻子不由自主地一酸，眼泪立马就下来了。朱据赶紧拭了一把眼泪，举着酒盏颤巍巍地站起身来，朝着老丈人就是一鞠躬，然后仰头把酒一饮而尽。

孙权也一饮而尽，捋了捋有些花白的紫髯，朝大家看了看，道："朕识人不明，使得这几年的朝政乱象丛生。前些日子，朕派中书郎袁礼代朕向文武百官致歉，并借机征求大家的意见，政事应该如何变革？但朝臣们似乎还心有余悸，都不肯陈述自己的意见。朕今日希望你们几个能对朕尽言直谏，指出朕的不足，弥补朕的过失。朕知道要想统一天下建立大业，凡事都必须用众力集众智而行。今后，群臣的任何意见朕都乐于接受。"

孙权这番言辞委婉的自我批评，稍稍填补了朱据等人的心理隔阂。

朱据拱手对孙权说道："陛下，您向来善用贤能，致力人和，待人以诚，感之以情，以至群臣将士无不死心塌地地跟随陛下共定海内。吕壹奸诈，不识恩宠，迷惑陛下，是他之罪也。"朱据明知信用吕壹是孙权之过，但他是天子，是皇帝，说话时只能把罪责推到吕壹一人身上。

此时，胡综也不失时机地对孙权说："陛下！识人之难犹如蜀道。陛下尊贤接士、识人用人几十年，勤求损益，几乎无一失着。陛下曾说过这样一句话：'天下无粹白之狐，而有粹白之裘，众之所积也。夫能以驳致纯，不惟积乎？'吕壹之流，仅属个例耳！"

朱然接道："陛下！知人知面不知心，臣以为识人最难，谁还没个看走眼的时候！"因朱然与孙权少时是同学，说话自然随意些。

朱然说完，朝朱据看了一眼，又说道："咱们的驸马爷也有看走眼的时候。"

胡综闻言先是一愣，马上会意，说道："驸马爷为此事还吃过苦头呢！"

朱据马上明白他们说的意思，自责道："陛下，识人确实难。很多时候是旁观者清，当局者迷啊！"

孙权知道他们说的那件事，露出一丝无奈的笑容："不提还好，提了又是朕的识人之误啊！"

原来在黄龙二年（230），魏青州人隐蕃诈降吴国。

他来到吴国上书孙权说："我听说纣王无道,微子预先逃走;汉高祖宽厚英明,陈平争先投奔。我今年二十二岁,丢下领地,前来归顺有道之主,仰仗上天神灵,得以安全到来。我到来多日,而主管官员把我等同于来投降的人,没有把投奔与投降精细地加以区别,致使我的深刻阐述政事的见解,不能送达陛下。我心中郁闷再三,叹息这样等待的日子何时是个头。谨此来到皇宫跪拜呈报奏章,请求得到陛下的召见。"

孙权当即召见入宫。隐蕃致谢并回答孙权提出的问题,趋势陈述政见,很有文采风度。

胡综当时在座侍从,当隐蕃走后,孙权问他隐蕃发表的政见如何,胡综回答说:"隐蕃所呈送的奏章言语夸张,有点像汉代的东方朔,巧舌诡辩,有点像近人祢衡,但才能却远远不能与东方朔与祢衡比。"

孙权又问他隐蕃可以担任什么官职,胡综回答说:"不可以让他治理民众,暂且委他一个京城小官试一试。"孙权因隐蕃见面时大谈刑狱,便任用他为廷尉监。

左将军朱据、廷尉郝普都称赞隐蕃有辅佐君主的才干,经常抱怨叹惜隐蕃担任廷尉监这样的小官是屈才。

后来隐蕃阴谋反叛,事情被察觉处死,郝普受到追究而自杀。朱据被拘禁,过了一段时间才解禁。当时有人提出来要处治朱据,孙权摆摆手说:"不必了,当初朕也差点儿被蒙蔽了,何况是朱据!"

在这件事情中,孙权认为胡综有眼光,便任命胡综为偏将军,并兼任左执法,掌管诉讼事务。

2

孙权一行到了钱塘县衙,这里就成了临时行宫,周围都实施了戒严。里里外外都是手执刀剑的羽林督侍卫。最高级别安保下的议事大厅灯火通明,一场由钱塘县长全盛举办的迎驾宴会正在进行。

全盛端着一盏满酒走到台阶下向孙权敬酒,孙权笑道:"子茂,不愧是子璜家的族人,老钱塘啦!一路进来,朕看到钱塘这几年变化很大,看到老百姓吃穿住行比原先好,朕甚为高兴。来,朕先干了这一杯!"

只见孙权先用嘴唇抿了一下,舌头收敛,仰头将盏中的酒一饮而尽,吐出一口气,连忙用手遮住,耸动了几下鼻子,紫髯也跟着一翘一翘的,脱口而出:"就是这个味,富春佳酿,自朕下达各地不得向皇宫进贡物品后,已经几年没有喝到家乡的好酒啦!"

全盛欠着身道:"启奏陛下,臣前几日去富春县采办富春佳酿时,父老乡亲一听说陛下要来钱塘,激动万分,请求臣向陛下转呈家乡父老的问候,父老们说,陛下上次回家乡到今天又十年了,请陛下此次能再回家乡去走走看看。"

孙权见全盛说到家乡富春,碧眼立刻透出光来,捋着紫髯沉思着没有说话。

许久,孙权对全盛说:"朕不是不想回种德堂,但种德堂留下的全都是亲人的牌位啦!朕去了只会徒添伤感。子茂,你过几天再去趟富春,告诉他们,家乡父老都是朕的亲人,朕在黄武年间将富春一分为五,也是为了家乡发展得更快一些,亲人们的日子能过得比过去好一些。

"陛下，乡亲们都能理解，臣也亲眼所见，乡亲们的日子确实好起来了。"

"真的？"孙权用手拍了一下面前的案几。

"千真万确！"

"好！"

"就是对大钱颇有微辞……"全盛这话一出口，自感不对，马上收口。

孙权见全盛欲言又止，知道他有所顾忌，鼓励道："子茂有话就直说，朕此次是回外婆家，也是为铸大钱而来。凡是有关大钱的事，大家都可以开诚布公地说出自己的意见，对朕实施货币改革都是有好处的。黄大人，你说是不是？"

坐在末座的钱塘铸钱监监司黄濮见孙权问到自己，慌忙站起身来禀道："陛下所言极是，虽然'大泉五百'大钱铸造发行已三年，但我们的设计铸造还在不断完善中……"

"子茂讲的肯定不是这个意思。"孙权打断了黄濮的话。

这时朱据开口了："子茂你想说啥就说啥，陛下是因为你直言敢谏、忠心不二，才让你接任这个钱塘县长的。"

全盛见朱据把话都说到这个分上了，连忙拱手向孙权禀道："陛下，您在嘉禾五年（236）春天，下诏让官吏百姓交纳铜，按铜的重量付钱，并颁布了禁止私铸货币的法律条文，还专门设立了查抄伪造钱币的机构，这些都是有利百姓的举措。但是陛下铸造大钱，一枚抵五百小钱，今年又下诏铸造一枚抵一千枚小钱的大钱，这样一来，老百姓就吃亏了。为什么？因为朝廷只要拿出一小片铜，便可以从他们的手上换走大量的粮食。"

孙权道："哦，朕本以为大钱有大钱的益处。当年董卓掌权之后，废止了全国通用的'五铢钱'，改铸'小钱'，结果造成了物价上涨，几百万钱才能买到一斛米。鉴于这种形势，曹操上台后，又恢复了'五铢钱'。曹丕称帝后，由于多年没有增加货币的铸造数量，因此又出现了谷贱钱贵的局面。于是，曹丕不得不下令废止了'五铢钱'，让百姓进行实物交换。听说现在曹叡又恢复了'五铢钱'。与此同时，蜀汉也改铸了一种分量较轻的'五铢钱'，并且在钱身上加铸了'五铢直百'的字样，蜀人称之为'传形五铢钱'，一枚可以顶过去的一百枚。这样一来，蜀汉的谷贱钱贵的问题就迎刃而解了。朕铸大钱是综合了魏汉的货币政策而做出的决定。"

黄濮禀道："陛下铸大钱的初衷肯定是好的，既要方便商人，又要照顾百姓。先汉自始至终推行重农抑商的政策，认为商人不从事生产，单凭着一些低买高卖、投机取巧的卑鄙伎俩，就可以过上富足的生活，是十足的小人，是社会的不和谐因素。因此，必须以法律的形式打击他们的嚣张气焰，以确保那些一辈子面朝黄土背朝天的农民可以获得物质和心理上的平衡，从而确保社会的长治久安。现在的吴国，商人们终于可以喘口气了。陛下不但不抑制商人，还鼓励他们开会市。"

孙权笑道："朕不仅鼓励国内的商人可以开会市，还可以进行国与国之间的贸易。不仅陆地上可以做，而且海上也可以做。嘉禾四年（235），魏国派出使者来向朕请求用他们的马匹交换大吴的玳瑁、翡翠、珍珠等奢侈品，朕当即就同意这场交易。朕想，珍珠之类的东西虽然中看，但不中用，至少在战场上不能发挥任何实际作用。更何况这些东西吴国多得是，拿出一些来换马匹，以增强吴国的军备实力，又何乐而不为呢？"

胡综接道："陛下除了与邻国做生意外，还派出使者、商人远赴大秦、天竺、西域等地做贸易。宣化从事朱应和中郎康泰他们现在还身在南洋，为吴国在做贸易交流。"

朱然也因长期在孙权身边，知道这方面的信息，他也站起来补充说道："在使者、商人走出去的同时，陛下也不忘将别国的使者、商人请进来。陛下经常跟臣说'想要国富，就得广开门路，请各国的使者、商人来吴国的地盘上经商做买卖'。去年，一位名叫秦论的大秦商人来到交趾，交趾太守随即派人护送他来觐见陛下，陛下向秦论问起他们国家的民风民俗，秦论对答如流。陛下非常高兴，让他留在建业采购商品，并允许他将带来的商品进行兜售。后来，秦论的买卖完成，陛下又派人专门护送他回国。"

孙权微微地点了点头，道："诸位说得都没错，朕确实重视商贸，当然也重视农耕，不久前钱塘县还上疏说'谷帛如山，民无饥岁'。农业、制造业、手工业发展了，商贸就需要了，货币也就重要了。在未铸大钱时，市面上流通着'五铢钱''传形五铢钱'，还有'错刀''契刀''宝货五品'等各式各样的钱币，这让老百姓普遍感到不便。朕就下诏铸大钱，前年与今年分别发行了'大泉五百'与'大泉当千'两种大面额的铜钱。"

等孙权说完，黄濮走到大厅中央台阶下，跪地禀道："启奏陛下，'大泉五百'一枚相当于通行的五铢钱五百枚，

'大泉当千'一枚相当于五铢钱一千枚,但其实实际重量仅相当于五铢钱标准重量的两倍到四倍,陛下,这样的面额与比重是有问题的。"

孙权脸色一沉,有些不快地说:"有何问题?请子纯明说。"

黄濮叩首道:"老百姓认为这钱不值,且用起来也极为不便。现在的市面上,蜀汉通过贸易流进来的'传形五铢钱'反倒成了大吴市场上的硬通货,因为这种钱不论分量还是价值都相当,老百姓花着攒着都很放心。臣只是如实禀报,还望陛下三思。"

孙权听了黄濮的这番话,脸色反而不像刚才那么难看了,独自端起酒盏"咕咚"一声一饮而尽,捋了捋紫髯问道:"子纯,你任这个监司几年啦?"

黄濮道:"回禀陛下,自黄武七年冬吕公过世后,臣就接任了这监司一职,多年来心中谨记一条'货币乃国家命脉,容不得有一丝疏忽'。"

"好!就冲子纯你这句话,朕敬你一杯!"跪在旁边的公公忙给孙权斟满酒盏,下面的侍从也端过一盏酒递给还跪在地上的黄濮。孙权拿起酒盏,对黄濮道:"你刚才所讲之事,容朕再考虑考虑。明天,朕要去你的钱塘铸钱监巡视。来,朕与你干了这一盏。"

"谢陛下!"

3

新的钱塘铸钱监坐落在吴山山麓,吴山因春秋时期曾为吴国的南界而得名。

钱塘铸钱监的搬迁与孙权有关。位于金沙涧的铸钱监随着规模的扩大、噪音的增强,影响到了附近的钱塘学业堂正常的学习生活,范奕先生就上书孙权反映情况,孙权下令钱塘铸钱监整体搬迁至吴山山麓,那里有现成的码头,运输也方便。这是黄龙二年(230)的事。

钱塘铸钱监在新址一边建造工地一边铸造钱币也已经整整八年了。现在的铸钱监四周古木参天,数人合抱的古樟树就有数十棵之多。古樟树枝繁叶茂,翠盖如云,苍劲而不龙钟,古朴而又生机盎然。尤其是铸钱监大门前的那几棵古樟,根须裸露,如怪石嶙峋,遒劲有力,十分罕见。

孙权一路走,一路感叹:"古樟屹立千年,阅尽人世沧桑。"他笑着对黄濮说,"子纯啊!你得感谢朕啊!朕帮你选了个好地方,若不跟别人说这里是铸钱监的话,人家定会以为这绿荫丛中的大院子一定是疗养之所啊!"

孙权的一番话逗得大家哈哈大笑起来。走进铸钱监的大门,正在忙碌的工人见皇帝驾到,全部停止了手头的工作,跪倒在地,山呼万岁。

孙权传令大家平身,继续工作。孙权一行先参观了"大泉五百"和"大泉当千"钱币的成品检装间。据黄濮介绍,所有铸成的钱币都将在这里检装,合格的成品按一百枚一小盒,一百小盒为一箱装好入库。异样变形和未铸成的次品须严格地挑选出来,放在专用的抬运箱内,由专门的人员定时运回熔炉房重铸。

孙权问黄濮道:"子纯,这些年铸造情况如何?"

吴山古樟

黄濮禀道:"回禀陛下,'大泉五百'自嘉禾五年(236)春铸造至今已铸造一千余万枚,按现在全国二百三十万人口计算,每人能分到五枚。'大泉当千'自今年正月开始铸造,到现在已铸出二百多万枚,大约人手一枚应该够了。"

孙权没有言语,黄濮陪着孙权又参观了炼铜房、铸造房、冷却房、库房后,来到了铸钱监最里面的一幢独立的房子前。黄濮对孙权说道:"陛下,这里就是模子制作坊了,里面陈列着叠铸铜母范一千多套,其中'大泉五百'钱范模子三百多套,已停用的'五铢'钱范模子三百多套,已停用的'大泉一百'钱范模子二百多套。"

孙权接道:"还有'大泉当千'钱范模子一百多套。子纯,看到你对铸钱监如数家珍,朕很欣慰。朕昨晚思考了一夜,'大泉五百'和'大泉当千'暂时先按三比一的比例铸造。将来,将来再说。"

黄濮见孙权颁布旨意,连忙拱手道:"陛下,臣遵旨。"

左：大泉五百
右：大泉当千

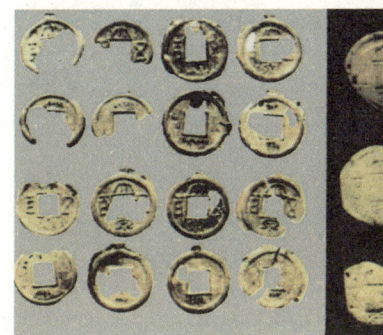 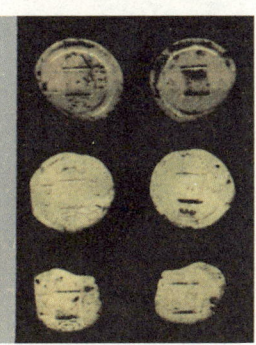

钱塘铸钱监出土的钱币和钱范模子

然后，孙权又问了黄濮一些其他问题。两人正说着，只见朱然神色凝重，急冲冲地从外面进来，他径直走到孙权身旁，轻声对孙权说了句："陛下，京城急报，步夫人病情危急。"

孙权沉默片刻，大声道："众卿即刻准备，朕今日就要返京。"

梦回凤凰山

1

吴神凤元年（252）三月，凤凰山上，淅淅沥沥地下着小雨，开得正盛的山花在雨中显得特别的惹人怜爱。

山路凸凹崎岖，寒泉涓滴。山路上走着一行人，有将士也有官吏，走在最前面的那位将军打扮，浓眉大眼，鼻梁挺立，长须飘动，甚是威武英俊。他叫孙鼎，字义立，虽不是孙氏宗室，但深得孙权信任与喜爱。三十年来，他从一名普通的基层军官，因功得到一步步擢升，现在已是会稽亭侯并领钱塘水军、绥远将军。孙鼎一行雨中登凤凰山，与已在病中的皇帝孙权有关。

这凤凰山也与孙权有关。石亭大捷后的第二年春天，各地都在为孙权称帝收集呈报祥瑞。孙权老家富春呈报了在富春江中又出现了黄龙，上一次是孙权出生时。孙权的外婆家钱塘呈报了在钱塘江边的一座山上出现了凤凰鸟，并将此山称作凤凰山。那年四月，孙权在武昌城郊告天称帝，用了家乡的祥瑞黄龙作为年号，改称黄龙元年。今年上个月，病中的孙权皇帝大赦天下，并想起了称帝那年在钱塘凤凰山上出现的祥瑞凤凰，所以又将

凤凰亭

太元二年改称神凤元年。

　　孙鼎站在凤凰山巅瞭望江海之间的连绵群山，豪气顿生。凤凰山呈南北走向，雄奇壮美，风采独具，自西北蜿蜒而来的山峦至此突分双翼，左翼接海湖，右翼掠钱塘江，形若飞凤翱翔于天地之间。

　　一行人沿着凤凰山脊的石道东行，走到东边凤凰亭小憩。随行的钱塘县吏在县长单诵的示意下，拿出了特意准备好的《凤凰山舆图》，钱塘县为了此次孙鼎的实地考察，动用大量人力物力，修通了凤凰亭、凤凰池、月岩之间的石道，光是这《凤凰山舆图》的勘绘就花费了半个多月的时间。

　　单诵见《凤凰山舆图》已悬挂于屏风之上，随带的酒菜也已整齐地摆放在石桌之上，便对孙鼎禀道："侯爷，都已准备好啦！您坐下来小饮，下官为您介绍《凤凰山舆图》，您看如何？"

"好！单县长辛苦！"孙鼎说着便在屏风的对面坐了下来，侍卫忙过来斟满一盏酒。

单诵指着山舆图南侧一处古迹的标识介绍道："侯爷，咱们北面山体的悬崖下有一条石道，一路密林浓荫，蔽天遮日，豁然开朗处有一排岩壁，岩壁上，我请钱塘学业堂的范蔚先生题了'凤凰池'三个字刻在上面。凤凰池是一个腰形的天然泉池，半在洞内半在洞外，就在这里，"说到这，单诵用手指在山舆图上画了一下具体位置，然后接着说道，"洞寒泉洌，凉气沁人，现在成了这一带的主要供水点。"见孙鼎点头，单诵又指了一下凤凰池的左侧说："凤凰池的左边有一个通明洞，峭壁中空，俨若堂屋。从通明洞的左边攀援而上，就进入了一条石弄，那一级级的石阶，当地百姓称之为'上天梯'，石弄尽头又有一个山洞，我们便尊称为'黄龙仙宫'，意即'黄龙'的居住之所。"

"噢！凤凰池旁边居然有如此神奇之所，黄龙凤凰于一山，正是天意啊！"孙鼎闻言赞道。

凤凰池

黄龙仙宫

月岩望月

单诵接着道:"侯爷,还有更神奇的呢!您看这,由凤凰池向南,一路扪萝附葛后,就到了一片玲珑奇巧的石林,在那清润嵌空的岩顶上有一个直径一尺有余的天然石孔,自古以来被称作'月岩'。"说到这,单诵特意指了指山舆图上的"月岩"两个字,然后继续道,"侯爷,这月岩有一奇处,就是每年八月十五中秋之夜戌时三刻到亥时三刻,月亮光影刚好穿过这个圆孔,在岩顶上幻化成又一轮明月,与那天上的明月相对成双。若在八月十四、十六日或另外月份,月光斜照,不能穿孔,便无此奇景。侯爷,您说神奇不神奇?"

"神奇!"孙鼎脱口而出。他霍地站起身来,看着渐有渐无的蒙蒙细雨,顿觉神清气爽,口中却喃喃道:"望月归故乡,陛下让孙鼎来凤凰山要找的就是此地啦!"

孙鼎的脑海里又浮现出了一个月前进京晋见皇帝的场景。

2

孙权是派了特使来钱塘召孙鼎进京的。孙鼎到达京城建业的当天，孙权就在建业宫单独召见了他。

建业宫是取武昌旧宫殿的木材所建，式样自然有些老旧，好在柱子比较高大，所以大殿外部看起来依然雄伟，内部照旧宽敞明亮，只是孙权真的老了。发生了那么多事，能不"老"吗？加上去年十一月，他去南郊祭祀，不幸中风，这一下，他彻底"垮"了。

以至于孙鼎见到病榻上的孙权时，都不敢相信自己的眼睛。在孙鼎看来，仅仅隔了两年没有见面，皇帝就老了差不多十岁，须发皆灰，完全没有了当初的"紫髯"风采。现在的孙权，佝偻迟钝，目光呆滞，言语迟缓，见到孙鼎的那一刻，他那与众不同的碧眼仿佛突然一亮，挣扎着想起来，孙鼎见状跪着哭着爬到病榻前，泣道："陛下！陛下！保重龙体，孙鼎在此，孙鼎在此，孙鼎在此！"

孙鼎连说了三遍"孙鼎在此"，孙权才渐渐地平复下来。称帝以来随着时间的推移，特别是经历"吕壹之乱"和"两宫之争"后，忠臣干臣们老的老、死的死，被杀的被杀、被贬的被贬，加上孙权又废长立幼，立了个今年才十岁的孙亮为太子，朝政早已是积重难返，内外也已是上下离心了。建立吴国，孙氏亲友为打天下纷纷逝去，让孙权成了"可怜的"孤家寡人。称帝之后，朝野上下忠臣为其日渐昏聩或老死或贬杀，让孙权成了"可憎的"孤家寡人。这是两年前孙鼎在单独晋见孙权时表达的意思。那年孙权不顾所有人的劝阻立了幼子孙亮为太子。面对孙鼎谏言，孙权只是笑笑，没有震怒也没有表扬，因为孙权心里是清楚的，孙鼎就是这样一个人，几十年来如此，说话做事都顶天立地。躺在病榻上的孙权明显感到自己正在迅速衰弱下去，大限之日已经不远，为了给自己延寿积德，三个月里，他已是第二次下诏大赦天下。《大赦天下诏》发出之后，他忽又想起一件唯有孙鼎才能办的事情，所以快马加鞭将孙鼎招来。

"义立啊！留给朕的日子不多啦！国家大事都得安排妥当，朕才有脸面去见父兄啊！朕自知昏聩了这么多年，通过你和伯言冒死忠谏，这段时间终于渐渐地觉醒了。朕心里明白，二宫之争是朕一手挑起的，当年一起战魏蜀守江东的得力干将们，都是被朕的错误所误。一步踏错步步错，朕只得咬着牙走下去。走完了这段路，朕才发现，现在的朕才是真正的孤家寡人。义立啊！帝王也会犯错，也是普通人啊！"

"陛下若早听了故上大将军或孙鼎的话，今日陛下便无忧矣。现在的国家，实在是忧患重重啊！"孙鼎一字一句地说道。

孙权一怔，强打起精神说道："义立啊！你每次讲真话谏诤言，朕都不杀你，你知道这是为何吗？"

孙鼎早知孙权会有此问，便坦然道："陛下！这是为何？"

孙权缓缓道："一是你与朕都姓孙，虽不是本族宗室，但天下会认为是同族，朕不能轻易杀孙姓人。"

孙鼎听了这近似滑稽的理由本想笑出声来，但他忍住了，问道："那么二呢？"

"二是三十年前，你第一次在朕面前讲真话'不任子，改年号'，朕就决定留你一个例外，只要你孙鼎一直坚

孙峻谋杀诸葛恪

持讲真话，朕就一直不杀你。"孙权说得有些激动，说完后咳了几声。

孙鼎认真地回道："臣子心底无私就会讲真话，帝王心怀天下就会从善如流。陛下留孙鼎一个，实在是太少了。"

孙权闻言一点也不生气，点了点头继续缓缓地说道："三是三十年来，义立你不仅坚持讲真话，而且还坚持干实事。前二十年你跟着伯言打仗勇猛，十年前你受伤残疾之后，朕将你调到后方训练钱塘水军，你不仅为荆州、濡须二线超额输送水军，还配合钱塘、富春、永兴三县的吏治，让朕家乡的面貌焕然一新。义立啊！于军事你是好手，于吏治你又是好手，于议政你还是好手。人才难得，朕是打心眼里要让你成为国家的福将啊！"

孙鼎泪流满脸地望着斜靠着的虚弱无力的老皇帝。老皇帝既是他的君主，也是他的伯乐呀！孙鼎伏地泣道："陛下！陛下如此知我，孙鼎就是马上死也无憾矣！"说完不住地磕头。

孙权微微一笑："朕在过去的三十年里都没让你死，现在更不会让你去死啦！朕建国称帝，戎马一生，有功也有过。虽然是非功过留待历史评说，但是朕坐镇江东五十二年，上天赐予朕的时间太长了，朕一生做过太多事，有过太多是非功过，以至于朕自己都弄不清有多少功有多少过。朕今天难得精神尚可，义立啊！你就用你的直言给朕讲讲吧！今天跟以前一样，讲真话不杀头。"

孙鼎磕头并郑重道："陛下，自古哪有做臣子的评说皇帝功过的？孙鼎平时虽会直言上疏，那也只是就事论事与直言论事。陛下，今天谈了那么多，您也累了，孙鼎还是先行告退，明日再来晋见陛下吧！"

孙权努力地举起一只手摇了摇，道："朕知道自己的身体，早已过一天赚一天啦！虽说皇帝称万岁都想活得久一点，但最终是逃不过死的。说真的，朕也害怕死，前不久还请'神仙'王表来为朕延寿，这'神仙'王表一见病入膏肓的朕，连夜就逃走了。现在朕想通了，朕从富春一个瓜农的孙子成长为一方霸主，最终做了大吴的开国皇帝，也该释怀满足了，对于死也没那么恐惧了。"

孙鼎之所以能坚持直言进谏，是因为他始终认为自己的主公孙权是冠于当世的人杰。哪怕是孙权晚年导致了"二宫并争"这样遗祸无穷的错误，孙鼎对主公孙权这个人本身还是满怀崇敬的。现在见孙权老是提到死，心中顿生异常的凄凉，突然没有了孙权的大吴是不可想象的，孙鼎伏地泣道："陛下！大吴不能没有陛下，陛下的龙体一定会康健起来的。陛下，包括孙鼎在内的大吴臣民都还没有做好没有陛下的准备。陛下，为了大吴，为了臣民，您一定要好起来！"

孙权苍白的脸色开始抽搐起来，喘着粗气吃力地说道："朕努力一生，亲建大吴，虽没有一统天下，但总想着大吴江山永固，子孙永续。朕此次是祭天为大吴祈福中风生病，以致现在一病不起，若是天不假年，朕只得认命。若上天怜悯朕，朕自当再为太子多管几年大吴。"

孙鼎故作轻松道："皇帝是真龙天子，上天一定会眷顾天子，眷顾百姓的。"

孙权想起了什么，用手拍了拍被子，挪了挪佝偻着的身子，虽身着锦罗绸衣，但裹在清瘦如柴的身子外明显感觉衣服大了。孙权转过身来对孙鼎道："前几日，朕梦到母亲了,母亲吩咐朕要多回钱塘外婆家去走走看看,朕思前想后,觉得这个任务只能交给你去完成了!"

"请陛下吩咐,孙鼎就是肝脑涂地,也要把陛下嘱托的事办好。"孙鼎伏地候旨。

"好!朕欲将太元二年改为神凤元年。朕武昌称帝那年,各地收集报告了许多祥瑞,朕用家乡富春江里出现的祥瑞黄龙作了第一个年号,现在朕要用外婆家钱塘凤凰山出现的神凤作为今年的年号,换换年号冲冲喜,恐怕对朕的身体也有好处。前几日,御医对朕说,欲取凤凰山的水来煎药,这事就交给义立你去办理。"

"请陛下放心,孙鼎这就星夜回钱塘办好此事。"

"慢着,朕还有一事让你办。"

"请陛下吩咐!"

"朕这段时间时常会梦见凤凰山,想必钱塘凤凰山与朕有缘,但朕垂垂老矣,早已不能舟车劳顿巡行凤凰山了,就是朕大行之后,也无法归葬于凤凰山,朕在蒋山的陵寝已连续营造多年,早已完工。朕这凤凰山的梦,也只有交给义立你去帮朕完成了。"

"要孙鼎如何做,请陛下尽管吩咐。"

"对于凤凰山,朕虽身不能至,但心向往之。朕要你代朕向凤凰山的土地神那里买一块陵地,将来你百年之后,代朕葬于凤凰山,朕大行之后,梦回凤凰山,也有个落脚处。"

"请陛下放心,孙鼎一定办好此事。追随陛下三十年,孙鼎今年也已五十有九,也在为百年之后考虑啦!孙鼎跟陛下说真话,在钱塘训练水师十年,早已爱上了钱塘的山山水水、一草一木,百年之后能葬在陛下的梦回之地凤凰山,实在是孙鼎的荣幸与福分啊!陛下,孙鼎回钱塘后会尽快办妥这件事。届时会向陛下呈上孙鼎亲笔书写的墓茔,让陛下过目。"

"好好好!义立办事朕放心。"

"陛下好生休养,孙鼎告退回钱塘啦。"

"义立啊!今日有一个问题,你还没有回答朕。"

"什么问题?陛下。"

"以你的眼光对朕的功过作一评说,无需忌讳,要直言。"

"一定要说?"

"一定要说。"

"陛下举贤任能,泽惠东南。国本不定,后世深思。"

"感谢义立的直言!今日君臣所言,皆需保密,'神凤'年号除外。"

3

"侯爷,侯爷,您怎么了?"

单诵对着陷入沉思的孙鼎叫唤了好几遍，才将他从遐思中拉了回来。

"单县长，月岩那里可有题刻？"孙鼎问道。

单诵回道："没有题刻。"

孙鼎接着问："从上月至今取水送京城的凤凰泉可有题刻？"

单诵回道："也无题刻。"

孙鼎略加思索道："单县长，您明天去一趟全侯府，请寓居钱塘的全侯爷题写'凤凰山'三字。他这么多年修身养性，深居简出，以书法自娱，若不肯题，就说是我的意思。"

"好的，侯爷！"单诵拱手道，"那'月岩望月'呢？"

"问得好，'月岩望月'由我来题，现在就题。"提到月岩，孙鼎一阵激动，他心里已认定月岩是陛下的梦回之所，也是他的百年之地了。

孙鼎早已是闻名江东的书法家，他的书法出入篆隶，飘逸古雅。单诵见孙鼎主动题写"月岩望月"，欣喜异常，心里想：凤凰山有了孙鼎、范蔚、全吴等名家题刻的摩崖，钱塘又将新添一景。陛下当年在石人岭留下的"石亭纪胜"摩崖石刻，现已成为钱塘人气最旺名气最大的景点，参观者络绎不绝。

单诵命属下将文房四宝准备就绪后，亲自为孙鼎磨墨。孙鼎趁着单诵磨墨的间隙，又问了几个关于凤凰山

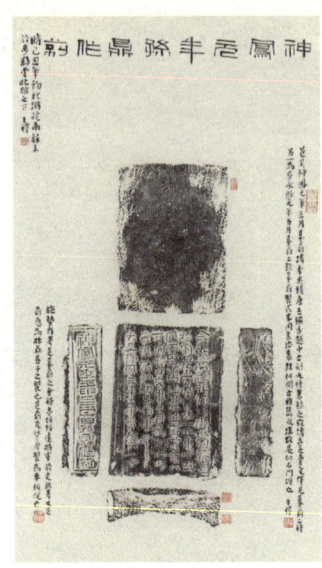 

墨拓孙鼎墓莂砖正面及侧面

的问题。在单诵如数家珍般的解答中,他对凤凰山越来越喜爱。

墨磨好后,孙鼎吸了一口气,提笔在一块白色帛上写下"月岩望月"四个大字,形神兼备,宛若惊鸿,单诵见了不由地鼓起掌来。

孙鼎露出笑容,对着单诵说道:"单县长,您可知道我为什么单单为'月岩望月'题写景名吗?"

单诵想了一下回道:"侯爷是觉得'月岩望月'这个词有意思吧!'月岩望月'字里面有两个'月',实地的景里边也有两个'月'。"

孙鼎听后哈哈大笑起来,也没有正面回复他的说法,只是简单地说道:"单县长,我想在这凤凰山上,割一块地用作自己的百年之地。"

孙鼎墓莂砖（杭州凤凰山出土）
这块孙鼎墓莂砖，清末出土于杭州凤凰山。

单诵闻言连忙说："侯爷身子骨硬朗康健，会不会太早……"

不等单诵说完，孙鼎接道："凤凰山是个好地方，我得早点和土地公公订立一个买地的契约，迟了怕别人抢了先。"

"那倒也是，既然侯爷相中凤凰山，那是咱钱塘县的荣幸。那择日不如撞日，就请侯爷写个墓莂，下官也好去造砖场制作买地券砖。"单诵回道。

"好！那就有劳单县长了，我马上写。"孙鼎说完，向侍从要了一卷空白的竹简，就提笔唰唰地写了起来，只见他写道："会稽亭侯并领钱塘水军、绥远将军，从土公买冢城一丘，东南极凤凰山巅，西极湖，北极山尽，直钱八百万，即日交毕，日月为证，四时为凭，有私约者当律令，大吴神凤元年壬申三月。"

写到这里，孙鼎抬头问单诵："单县长，今日是初几？"

单诵轻声回道："初六。"

孙鼎继续写道："六日，破崩大吉。"写完后，孙鼎拿着笔仔细地通读了一遍，觉得没有错字，便郑重地写上了日期和自己的名字："神凤元年壬申三月六日，孙鼎作崩。"

孙鼎写完后又轻声通读了一遍，才将竹简卷起来交给单诵道："单县长，有劳啦！制好砖后，请单县长将此卷交还于我，我还要派人将此卷送往京城。"

"请侯爷放心！"单诵拱手道。

孙鼎点了点头，见亭外的雨停了，便健步走出亭子，眺望远方，突然朗声道："两翅轩鬶，左薄湖海，右掠江滨，形若飞凤兮。"

许久，孙鼎回过头来，对众人道："随我去月岩看看。"

4

吴神凤元年（252）四月二十六日，孙鼎作崩四十天后，建业宫内孙权已到了弥留之际。宫里宫外，文武群臣，乱成一团。

孙权进入了人生最后的梦境，他感觉自己的身体已在家乡富春的上空，就像他当年出生时黄龙在富春江上涌现一般。

梦中的家乡实在太美了，水皆缥碧，天山共色。

突然间祖父与父亲驾着当年在钱塘江上击海盗的船来了，只是船上多了几个人。待船近了，孙权看清了他们的面目，不由诧异地大叫："爷爷，父亲，兄长，还有公瑾、子敬、子明、伯言，你们都来啦！"

孙权在梦境中呓语，此刻他的榻前，分明是小太子孙亮，可是他却仿佛只看见了祖父、父亲、兄长与周瑜、陆逊等人。

"上来吧，二弟。"孙策在船上大叫，祖父与父亲也在船上微笑地向他招手。

孙权的喉咙深处发出低低的呜咽声，整整五十二年了，才再一次听到有人叫他"二弟"，他一边飞奔一边招呼，想让船停下来靠岸。

孙权突然喊出了声音，从病榻上坐起，空洞的眼神透过窗棂望着远方。

孙亮抱住了老父，哭喊着"父皇"，然而他却没有任何反应。

船终于靠在了凤凰脚下，孙策将他拉上了船，大家将他围在了中间。孙权觉得自己变成了一条黄龙升起，飞向凤凰山的"仙宫"。

孙亮看见父皇的嘴角露出一丝不易察觉的笑容，然而他的四肢却渐渐地僵硬了。

此时，参加抢救的御医悲痛地宣告："皇帝驾崩了！"

丛书编辑部

艾晓静　包可汗　安蓉泉　李方存　杨　流
杨海燕　肖华燕　吴云倩　何晓原　张美虎
陈　波　陈炯磊　尚佐文　周小忠　胡征宇
姜青青　钱登科　郭泰鸿　陶文杰　潘韶京
（按姓氏笔画排序）

特别鸣谢

楼含松　卢敦基　江弱水（系列专家组）
魏皓奔　赵一新　孙玉卿（综合专家组）
夏　烈　任茹文（文艺评论家审读组）

图片作者

孙小明　益　之　朝　山（按姓氏笔画排序）